| 개정판 |

재즈피아노의 정석

피아노 레벨 (기본편)

양 태 경 著

THE FINEST IN JAZZ SINCE 2016

TAEZ PIANO STATION

머리말

'얘들아 안녕 태경이 삼촌이야'의 태경이 삼촌입니다.

지난 21년 동안 피아노를 가르치면서 수많은 사람을 만나고 많은 일도 있었어요. 피아노를 향한 열정으로 가득 찬 어린 학생들 (대부분 열정만 있고 연습을 안 하지요…), 인생이 허무하여 피아노를 배우시는 어르신 (대부분 놀러 오시지요…), 배움에 목이 말라 멀리서 오시는 분들 (대부분 차비가 아깝지요…)

암튼 이래저래 피아노 혹은 음악이라는 공통점을 가지고 저에게 찾아와요. 그래 그게 어디야. 우리의 목표는 당연히 피아노를 잘 치고 음악을 잘하는 거예요. 누가 모르냐….

그런데 제가 누누이 말하듯이 사람이 발전하려면 고통 팍~, 스트레스 팍~, 짜증 팍~이 동반되어야 해요. 왜냐면 몸에 안 익숙한 리듬, 화음, 멜로디 등 무언가를 내면화시키는 일은 참 어려운 거거든요. 익숙하게 만든다는 것 생각보다 참 어려운 거예요. 그러니깐 익숙한 연인이나 가족들에게 잘하는 것, 아주 중요합니다. 키야~ 인생을 가르쳐주네 또ㅠㅠ

이해하는 것과 몸으로 하는 건 엄격하게 다른 일이에요. 많은 분이 알고 있는 사실이지만 정작 자신한테는 적용을 안 시킵니다. 그래서 어떠한 한 분야에서 무언가를 노력해서 이루어낸 대가들을 보고 우린 부러워합니다. 그것을 이루어내기 위해 보냈던 수많은 시간과 인내, 노력, 피와 땀 스트레스 등은 대부분 생각 못 하고 결과만 보고 다들 부러워하지요. 빌 에반스, 찰리 파커, 오스카 피터슨 등의 대가들이 천재였다면 왜 평생 하루에 10시간씩 연습을 했겠어요. 그냥 잘 해야지…. 죽도록 연습하고 잘 쳤을 때 사람들은 그 사람을 천재라고 부릅니다. 따라서 여러분도 천재가 될 수 있어요. 근데 사실 희박하죠. 그래도 최선을 다해야 해요. 그래야 후회가 없을 테니….

대부분 저를 찾아오는 학생들은 학원 선생님, 재수생, 삼수생, 장수생, 아니면 학원을 1~2년 다녔는데 여전히 피아노를 못 치는 친구들이에요. 각자 자기가 여태껏 배웠던 노트 등을 들고 와서 펼쳐 보면 안 배운 것들이 없어요. 카피도 많이 하고 고급 화성학까지 진도는 다 나갔는데 정작 자신의 연주에 적용을 못 시키고 악보가 없으면 피아노를 못 쳐요. 근데 그런 친구들은 결국 꼭 이론에 집착하게 돼요. 하지만 이론이라는 것은 이미 연주되는 주법이나 패턴을 정리하고 분석하기 위한 수단이지 결국 음악이 아니에요. 그렇다고 이론을 공부하지 말라는 말이 아니에요. 단지 연주를 잘하기 위해 이론에 집착하지 말라는 말을 하고 싶은 것이에요. (아 착하게 말하는 거…. 참 피곤합니다.)

물론 학생의 상황을 고려하지 않는 선생님도 문제이고 진도에 집착하는 학생들도 문제에요. 1층에서 10층을 한 번에 못 올라가듯 모든 일에는 순서라는 것이 존재하고 기초가 튼튼해야 그다음 스텝을 걸어갈 수 있습니다. 또한, 가르치면서 수많은 재즈 교본들을 보면 '왜'가 없어요. 이미 알고 있는 사람은 이해가 되지만 혼자서는 도대체 이게 무슨 말인가를 느끼게 해주는 책들이 참 많습니다.

원래 기분 좋게 시작하려고 했지만, 글을 쓰다 보니 열이 받아서 머리말부터 잔소리로 시작하게 되는 이 책은 지구에 있는 수많은 독학러와 학생들, 그리고 재즈를 가르치는 선생님들을 위해 만들어진 책이에요.

따라서 최대한 쉽고 체계적으로 연습할 수 있도록 쓰였습니다. 최대한 제 머릿속에 있는 음악적 지식을 끄집어내려고 합니다. 이제부터 여러분들이 하는 것들은 음악이 아니고 음악을 잘 하기 위한 '음악 공부'에요. 바로 대부분이 무시하고 싫어하는 기초에요. 하지만 이것들을 이겨내고 내면화되었을 때 느껴지는 성취감은 100억을 줘도 경험할 수 없는 엄청난 행복일 거라고 믿습니다.

하지만 사실 저는 성취감보단 100억을 받겠습니다. 40년 넘게 살다 보니 요즘은 성취감이고 나발이고…. 돈 버는 맛을 알아버렸어요. 그래요. 속물이라고 욕하셔도 좋아요. 상관없어요. 대신 살아 줄 것도 아니면서 언제까지 남의 눈치만 보고 살 순 없잖아요. 평생을 그렇게 살았으니 이제 남은 평생 하고 싶은 대로 하다가 갈래요. 근데 나 왜 여기다가 이런 소리를 ㅠㅠ 암튼 결국 우린 누가 그냥 100억을 주지 않으니 성취감과 이루어냈을 때의 자아실현을 그 목표로 삼고 그냥 합니다. 혹시 해병대 들어왔니…? 아 몰라 그냥 하세요. 니가 좋지, 내가 좋니?

자 그럼 잔소리 집어치우고 시작해 볼까요? 쓰다가 또 짜증 나면 막 반말…. 욕 치커리가 나올 수도 있어요. 양해 바라요. 다 잘 가르치고 싶은 저의 진심이니깐….

2019년 12월 어느 날,
대한민국 대표 속물 태경이 삼촌이

이렇게 난 머리말을 쓰고 약 80페이지의 분량을 책으로 쓰고 있었어.

머릿속으로 '책을 어떻게 하면 좀 더 이해가 쉽게 되고 재밌고 즐겁게 쓸 수 있을까?' 고민을 하고 있었어. 원래 예술가들은 뭐 하나에 빠지면 자는 시간 빼고 틈만 나면 그것에 대해 고민을 하고 머릿속에 가득 채워 넣거든. 그러던 중 화장실에 가서 똥을 싸고 있는데 번뜩거리는 아이디어가 떠올랐어. (역시 화장실은 아이디어의 본고장이야)

아! '내가 레슨을 하는 걸 그대로 책으로 내면 이해하기도 쉽고 더 재밌겠다'라는 생각이 들면서 여태껏 썼던 내용을 다 엎고 1페이지부터 다시 쓰기로 했어. 물론 짜증나고 피곤하지. 하지만 좀 더 좋은 결과물이 나오는 것이 더 중요하잖아?

따라서 나는 이제부터 내 유튜브 팬클럽인 고구미(마치 우유 없이 고구마를 먹은 듯 답답한 질문들만 쏟아 내는 착한 나의 팬클럽 이름이야)들을 상상하면서 이 답답하지만 착한 친구들에게 피아노를 가르치는 상상을 하며 다시 책을 써 내려가려고 해. 생각만 해도 피곤하지만 고구미를 이해시키면 모든 사람이 이해할 수 있으니깐…. 도전해 볼게.

자 그럼 이제부터 진짜로 한번 시작해 볼까? ^^ 반가워, 얘들아 태경이 삼촌이야.

2020년 3월,
대한민국 대표 피아노 선생님 '얘들아 안녕 태경이 삼촌이야' 삼촌이

P.S. 앞서 머리말에서도 말했듯이 이 책은 너희에게 내가 피아노를 가르쳐주는 컨셉이야. 따라서 나는 너희와 대화하는 걸 미친놈처럼 혼자 상상하면서 책을 써 내려가려고 해~ 커리큘럼은 주차별로 나가지만 만약 커리큘럼 하나하나가 너희가 몸에 안 배어 있으면 스케일로 한 달, 두 달을 연습해도 돼. 완벽해질 때까지 넘어가지 마. 중요한 건 진도가 아니라 내 몸에 내면화가 되었냐? 안 되었느냐? 니깐~오케이?

그냥 될 때까지 하는 거야. 파이팅.

〈 얘들아 안녕 태경이 삼촌이야 〉

구독을 누르면 너희들의 의지와 상관 없이

나의 팬클럽 고구미가 되니….

10번 이상 신중히 생각하고 구독과 좋아요를 눌러.

목차

WEEK 10 가이드 톤

WEEK 11 텐션

WEEK 12 4 노트 보이싱

WEEK 13 스윙 리듬

WEEK 14 2-5-1 진행으로 컴핑과 스케일 연습

WEEK 15 워킹베이스 & 래그타임

WEEK 16   블루스 & 리듬체인지

WEEK 17   그 밖에 재즈에서 쓰이는 스케일들

WEEK 18   양손 컴핑

조성과 5도권

서양 음악의 기초인 조성의 개념,
반음과 온음을 배우고
5도권을 기계처럼 외운다.

어느 날, 20대 중반의 남자아이가 작업실로 레슨을 받겠다고 찾아온다.
첫인상부터 그냥 딱 봐도 답답하게 생긴 놈이다. 근데 착해 보인다.

나   안녕? 넌 이름이 뭐니?

고구미   고구미입니다.

나   (한숨을 쉬며) 몇 살이야?

고구미   28살이에요.

나   직업은 뭔데?

고구미   등골브레이커요. 백수에요.

나   ....아…. 그래…. 힘내고 꿈이 뭐야? 왜 왔어?

고구미   …모르겠어요. 피아노를 잘 치고 싶은데…. 늦었죠?

나   웅 늦었어. 근데 해 보고 싶으면 해야지.
         제4차 산업혁명 시대에는 무조건 100세 이상 살 거니깐 앞으로 니가 살 날이 더 많겠지?
         그럼 해야지…. 뭐 피아노로 먹고살 거 아니면 안 하고 후회하는 것보다 하고 후회하는 게
         낫지 않겠어?
         할 거면 그냥 해. 앞을 보면 못해.
         하지만 하고 나서 뒤를 보면 내가 이만큼 했구나 하고 니가 걸어온 길이 보여!
         그것만 생각하고 그냥 즐겁게 해.
         앗 참! 그리고 늘 생각하지도 말고 그냥 편하게 쳐. 대신 매일해서 피아노랑 친해져야 해.
         너 어차피 하는 일도 없잖아. 하루에 2시간은 매일 투자해야 조금씩 늘어.

고구미	저 늦었죠?
나	-.- 야 이…. 고구미 이 답답아…. 내 말 듣니?
고구미	죄송합니다….
나	아….(벌써부터 짜증 나네…) 그냥 시작하자…. 구미야.
고구미	네 선생님~^^
나	웃지 마. 정들어.
	자 이제부터 음악의 기초 지식부터 설명해줄게. 잘 들어봐.

조성 key

너 '도'가 어딘지는 아니?

자! 네 앞에 있는 피아노 건반을 약 1분 동안 뚫어져라 봐봐. 뭐가 보이니? 그렇게 열심히 쳐다보면 규칙적인 패턴의 나열을 찾을 수가 있어. 검은 건반이 2개, 3개, 2개, 3개 이렇게 반복적으로 있어. 그치? 2개짜리 검은 건반 바로 아래 흰 건반이 바로 '도'야.

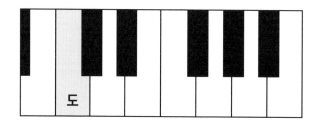

우리가 어렸을 때 배웠던 '도 레 미 파 솔 라 시 도'를 기억하니? 그런데 아쉽게도 '도 레 미 파 솔 라 시 도'는 이탈리아 말이야. 우리가 지금 배우는 재즈는 미국에서 '백인의 화성'과 '흑인의 리듬'이 만나서 생겨난 음악이야. 따라서 미국의 언어를 사용해. 미국에서는 도를 C, 레를 D, 미를 E, 파를 F, 솔을 G, 라를 A, 시를 B, 이렇게 불러. 마치 알파벳을 외우듯이 외워야 해. 머리로 생각하기 전에 눈이 먼저 읽을 때까지 익숙하게 외워야 한다는 말이야, 오케이?

자 5분 줄게. 외워!!

이탈리아	도	레	미	파	솔	라	시	도
미국	C	D	E	F	G	A	B	C

서양 음악에는 조성 즉 key라는 것이 존재해.
앞으로 곡을 칠 때 중심이 되는 거니깐 잘 들어.

> **대화**
>
> **나**   너 노래 못하지?
>
> **고구미**   아뇨 잘해요.
>
> **나**   지랄…. 됐고…. 너 노래방 가본 적 있지?
> 여자노래를 남자가 부를 때, 남자노래를 여자가 부를 때, 아니면 부르고 싶은 노래가 너무
> 낮거나 높을 때 어떻게 해?
> 우리는 리모컨에서 음정이라는 버튼을 눌러. 가끔 안 올라가는 걸 억지로 부르는 애들이
> 있는데 그러다가 목 나가…. 나처럼 노래를 40년을 연습하든지…. 암튼 우리는 노래방의
> 화면에서 여자키, 남자키, 혹은 G key, C key 등의 글씨를 볼 수 있어. 이게 바로 조성,
> 즉 key라는 개념인 거야.
>
> **고구미**   아 이게 곡의 열쇠군요.
>
> **나**   개소리하지 말고 그냥 들어. 쫌.

쉽게 말해서 '음 또는 곡의 높이'를 결정하는 거야.
우리가 외운 C, D, E, F, G, A, B, C는 계이름도 되지만 코드를 구성하는 음들의 뿌리,
근음Root들이기 때문에 그 곡의 중심이나 기준을 잡는 key가 될 수도 있어.

이건 뭐 나중에 서서히 이해가 될 것이고 서양음악에서는 열두 개의 key가 존재해. '왜'인지는 나중에 천국이나 지옥에서 음정을 만들고 정의한 피타고라스를 만나면 물어보렴!! 이런 것들은 그냥 묻지도 따지지도 말고 약속이라고 생각하면 돼.

왜 1을 1이라고 부르는지 설명할 수 있니? 그렇게 부르자는 우리의 '약속'인 거잖아. 그리고 이런 것들을 자잘하게 따지면서 음악 잘하는 사람 못 봤어. 그렇지. 음악은 입으로 하는 게 아니고 귀로 하는 거야. 꼭 못하는 것들이 신분 세탁하려고 따지려고 드는 거라고.

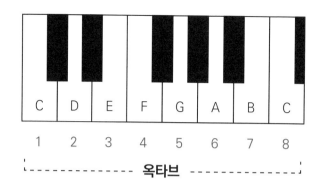

우린 굳게 믿고 서양음악에서 존재하는 12 key를 알아보도록 하자. 도에서 그다음 위의 도(이걸 옥타브Octave라고 불러)까지 흰 건반들은 8개야. 한번 직접 세어 봐. 여기서 반복되는 C를 제외하면 우리는 현재 7개의 흰 건반을 알고 있어. 이것은 우리가 7개의 key를 갖고 있다는 것과 마찬가지야. 오케이? 그럼 12개 중 검은색 건반인 나머지 5개의 key를 알아보자꾸나. 여기까지 이해되니? 안 되면 또 읽어. 몇 번 차근차근 읽으면 이해가 돼.

반음과 온음

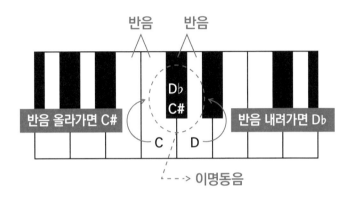

자! 그럼 검은 건반들은 어떻게 부를까?

C 건반 위에 있는 검은 건반은 C보다 반 층 올라가 있어. 검은 건반의 이름을 알기 위해서는 '반음과 온음'에 관한 개념이 필요하단다. 여기서 '반음Half Step'은 건반과 건반 사이에 아무 건반이 없는 것을 말해. 예를 들면 도와 그 위에 있는 검은 건반은 '반음 관계'라고 불러. 반음 올라간 것을 '#(샵)'이라고 불러. C 건반 위에 있는 검은 건반은 뭐라고 부를까? C보다 반음 올라가 있지? 따라서 'C#'이라고 불러. 그런데 이게 또 D의 관점에서 본다면 '반음'이 내려갔다고 볼 수 있어. 반음이 내려간 것을 '♭(플랫)'이라고 불러. 따라서 C#은 D♭과 이름만 다르지 결국 같은 음이지. 근데 이름이 두 개지? 이것을 '이명동음', '딴이름 한소리' 이렇게 불러. 알겠니? 모든 음은 이름을 두 개씩 갖고 있어.

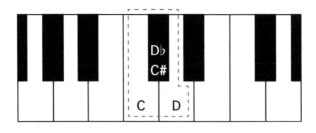

건반과 건반 사이에 건반이 있으면 온음,
C와 D 사이에 C#(=Db)이 있으므로 C와 D는 온음관계

이번엔 '온음Whole Step'에 관해 배워볼까? 건반과 건반 사이에 건반이 있으면 '온음'
이야. 흰 건반인 C와 D 사이에는 C#/Db라는 검은 건반이 자리 잡고 있어. 따라서 C
와 D는 '온음 관계'라고 불러. 흔히 책에서 스케일 배울 때 '온음/ 온음/ 반음/ 온음/
온음/ 온음/ 반음' 이렇게 말을 해. 이것이 바로 메이저 스케일을 구성하는 음의 관계
인데 잘 따져 보면 각각의 음은 이러한 간격을 갖고 있어. 말은 어려운데 한번 따져 봐
봐. 아래의 그림을 그냥 통째로 외워. 너 알파벳은 읽을 줄 알지?

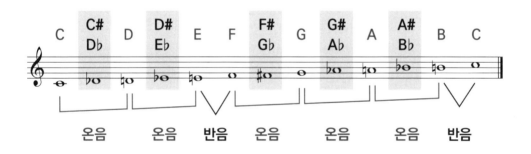

결국, 우리는 C로부터 시작하는 7개의 흰 건반과 5개의 검은 건반으로 이루어진 반
음계Chromatic Scale(반음으로 이루어진 음계)를 외웠어. (외웠지?)
이것들이 정말 아무 생각 없이 반사적으로 나올 때까지 외워…!!! 외워 쫌.

5도권 Circle of 5th

성질은 사람에게만 있는 것이 아니라 음에도 존재해. 내 성질 알지? 조용히 잘 들어라. 사람들은 나한테 왜 이렇게 맨날 화만 내느냐 다혈질이냐? 이러는데, 정작 생각해보면 지들이 화나게 만들고 나서 왜 화 내냐고 진정하라고…. 컴 다운하라고 말하지…. 아 짜증나….

음은 '5(V)도에서 1(I)도로 가려는 성질'이 있어. 무슨 소리인지 모르겠지? 그냥 그런 줄 알아. 그냥 믿어. 미안해…. (이것이 책의 한계야. 하지만 너희들이 직접 쳐보면 알 수 있어) 백날 떠드는 것보다 우리 무작정 한번 쳐볼까? 우선 아직 우리는 화성을 안 배웠지만 한번 느껴봐야 하니 화음을 한번 쳐볼게. 체계적으로 쓴다고 해 놓고선 앞뒤 없지. 근데 이게 음악이야. 그냥 해. 사기는 아니니깐 걱정 마. 고구미야.

> **대화**
>
> **고구미** 저 선생님 믿어도 되죠……?
>
> **나** 못 믿겠으면 집에 가등가….

1도	4도	5도
으뜸화음 (Tonic)	버금딸림화음 (Sub Dominant)	딸림화음 (Dominant)

위에 표는 우리가 이미 초등학교 때 배운 주요 삼화음이야. 기억나니? 나중에도 나오는 아주 중요한 것이니 자주 봐서 익숙하게 해 두자. 미리 보기라고 생각하면 돼. 아니다 그냥 지금 외우자. 머리 좀 써야지.

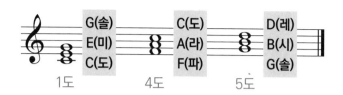

〈도가 으뜸음일 때 화음 구성〉

사실 그리고 이 세 개의 코드로 전 세계의 모든 음악을 표현할 수 있어. 왜냐하면, 이 세상 모든 음악, 즉 모든 코드 진행은 저 세 개의 기능이 있어. 뭔 소리냐고? 무슨 말인지는 나중에 다이아토닉이라는 걸 배우면 알게 돼. 일단 저 세 개로 우리는 음악을 표현해 볼까? 뻥 같지? 진짜야. 만약 주요 3화음으로만 음악을 표현한다면 단지 음악이 단순할 뿐이야.

학교 종이 땡땡땡

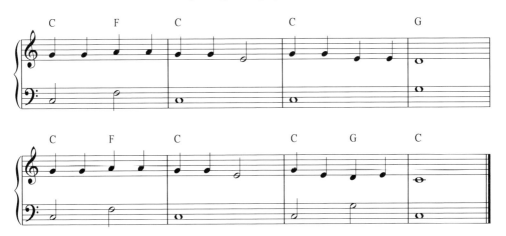

자 '학교 종이 땡 땡 땡'을 한번 쳐볼게.

우리가 평소에 이게 뭐야? 하고 무시했지만 실제로 피아노로 치고 나면 너도나도 이야~~~ 하고 자신감은 무슨 세상 1등이 된 것처럼 만들어주는 신비로운 곡이지. 이게 바로 자아실현이자 성취감의 맛이라고나 할까? 무시하지 말고 한번 쳐 봐서 노래를 해보도록 하자. 헷갈리면 못 치든 잘 치든 일단 첫 박만 치면 한 음만 눌러도 음악이 돼. 그 한 음이 바로 아까 배웠던 근음이 되는 거야.

대화

나	베이스 치는 애들은 평생 저렇게 한 음만 치고 살아.
고구미	아~~ 선생님, 제가 마치 베토벤이 된 거 같아요.
나	지랄…. 박자나 맞춰…. 이 박치야….
고구미	깨갱….

．

쳐 보니깐 어때?

악보가 없어도 우린 이렇게 음악을 표현할 수 있어. 이게 뭐야? 이러시는 분들도 계실 텐데 제가 치는 거 보면 깜짝 놀라실 거야. 아 단음만으로도 이렇게 감정을 표현하는 음악을 만들어내는구나. 역시 멋지다…. 역시 태경이 삼촌이야. 워우워우워어어어~~

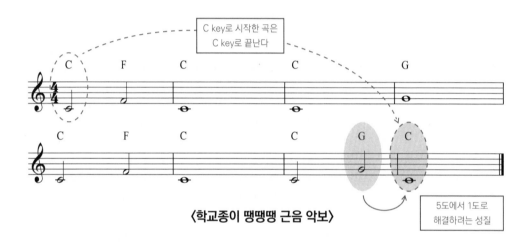

〈학교종이 땡땡땡 근음 악보〉

자 여기서 우리는 또 쓰라고 있는 머리를 잘 굴려본다면 우리가 배운 조성을 찾아볼 수 있어. 학교 종이 땡땡땡은 C key의 곡이야. 그럼 C key로 시작해서 곡이 끝날 때는 그 키로 끝내야 해. 그래야 안정적인 소리로 끝낼 수가 있어. 자 저렇게 쳐 보고 마지막 마디에 있는 C 코드를 G 코드로 쳐볼까? 이 불안한 기분을 어찌해야 할까…? 꼭 쳐서 느껴봐야 알아. 해봐 그렇지?

기억날지 모르겠는데 이게 바로 5도에서 1도로 해결하려는 성질이야. 그냥 읽고 이해했다. 이러면서 안 쳐보면 똥 싸고 안 닦은 채로 돌아다니는 기분……? 이 들거야. 사실 나는 그런 기분 몰라. 요즘 애들 뭐 지렸다 이런 말 자주 하는데…. 진짜 지려봐야 그런 말 안 쓰지….

그래. 암튼 음은 성질이 있어. '불안'에서 '해결'하려는 과정이 바로 음악이란다. 키야…. 철학적이지? 기억해. '불안'에서 '해결'하는 과정이 바로 음악이다.

누구나 알고 있는 '도 레 미 파 솔 라 시 도'의 정식 명칭은 나중에 우리가 배울 메이저 스케일이란 것인데, 코드 진행이란 것은 바로 이 '도 레 미 파 솔 라 시 도'의 불규칙적인 움직임이야.

사실 그 안에서 '불안'과 '해결'을 반복하는 과정이라고 생각하시면 편할 듯해. 근데 말해놓고 보니 어려울 수도 있는데 쉬우면 재미없잖아? 몇 번 또 읽어봐 이해돼.

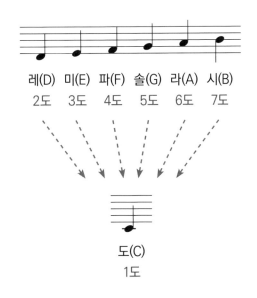

예를 들면 2도에서 1도로 움직일 수도 있고 3도에서 1도, 4도에서 1도, 5도에서 1도, 6도에서 1도, 7도에서 1도, 혹은 아무 데로나 진행할 수 있어. 이게 바로 코드 진행이란 거야. 그러나 우리는 초보이니 불안(2도~7도)의 요소들을 1도로 해결하는 과정을 알아보도록 하겠어. 1도를 C라고 가정을 하고 불안에서 해결하는 과정을 들어볼게. 아니다. 들어보는 것이 아니고 책이니 알아서 스스로 직접 쳐봐야 해.

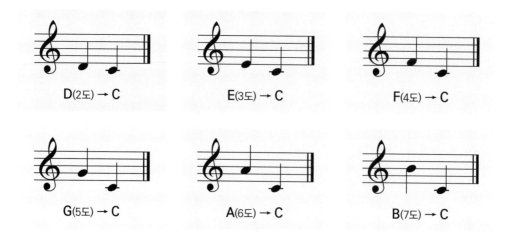

D(2도) → C   E(3도) → C   F(4도) → C

G(5도) → C   A(6도) → C   B(7도) → C

주의 깊게 들어 보면 5도인 G에서 1도인 C로 갈 때 우리는 안정감 및 가장 시원한 해결감을 얻을 수가 있어.

대 화

고구미	모르겠어요.
나	알아. 그냥 그런 줄 알아. 나중에 화음으로 치면 확 들어날 거야.

그냥 믿어. 음의 성질이 그렇대…. 아까 '학교 종이 땡 땡 땡' 칠 때도 느꼈듯이 5도에서 1도로 진행할 때 가장 시원한 '해결감' 및 '안정감' 같은 걸 얻을 수 있어. 이 말을 화성학 책에서 보던 것처럼 어렵게 얘기한다면 '5도는 1도로 가려는 성질이 있다'라고 할 수 있지. 그래. 5도는 1도로 가려는 성질이 있어. 그렇대…. 이것을 '도미넌트 모션'이라고 불러. 이 단어는 나중에 또 나와.

그렇다면 여기서 잠깐!!!

기억나? 서양음악은 12개의 key를 가지고 있다고 우리는 배웠어. 이 말은 도가 될 수 있는 음이 우리가 아는 도(C)뿐만 아니고 나머지 11개의 도(으뜸음)가 또 있다는 말이야. 개~~ 많지? 근데 외우고 나면 아무것도 아니야.

그러니깐 도에서 다음 도 까지(이걸 옥타브 Octave 라고 불러) 음이 흰 건반 검은 건반 모두 합쳐 12개가 있는데 바로 이 음들이 모두 도 즉, 으뜸음(1도)이 될 수 있다는 말이야. 좀 복잡해 보이지만 이 또한 지나가리오. 그냥 외워. 뭐 어쩌겠어? 이해될 때까지 계속 읽어.

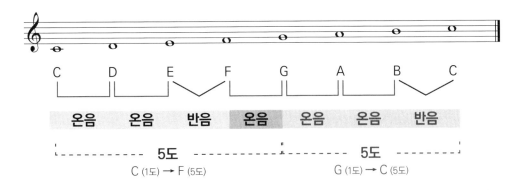

자!! 그럼 여기서 만약 우리가 1도로 알고 있는 C가 5도라면 어떻게 될까? 바로 1도는 F가 돼. 왜 그렇게 되는지 한번 따져 볼까? C, D, E, F, G는 1도, 2도, 3도, 4도, 5도가 되겠지? 그럼 각 음간의 간격Interval을 계산해 보자. 찍지 말고 꼭 계산해 봐야 해.

> **대화**
>
> **고구미**　선생님 저 문과였는데요?
>
> **나**　　　이거 산수다…. 인간아…. 아…. 제발 머리 좀 굴려보자, 쫌….

자! 그럼 이 5개의 음의 간격은 온음·온음·반음·온음 이 되겠지? 온음 관계가 3개, 반음 관계가 1개가 되었을 때 5도 관계가 성립돼. 그렇다면 F에서 시작해서 온음·온음·온음·반음 위로 간다면 F에서 5도 위는 C가 돼. 따라서 F의 5도는 C가 되는 거야. 이해되지? 천천히 따져봐. 찍지 좀 말고….

이렇게 또 D에서 시작하면 A,

A에서　　시작하면?　　E

E에서　　시작하면?　　B

B에서　　시작하면?　　F#

F#에서　　시작하면?　　D♭

D♭에서　　시작하면?　　A♭

A♭에서　　시작하면?　　E♭

E♭에서　　시작하면?　　B♭

B♭에서　　시작하면?　　F

F에서　　시작하면?　　C

그런데 우리 처음엔 C부터 시작 했쟈나. 이렇게 계속 무한대로 돌아가게 되어있어. 순환이 되지. 그리고 이것을 원으로 표현한 것이 바로 '5도권', 즉 'Circle of 5th'야. 일단 기본적인 5도권의 그림을 한번 보겠다.

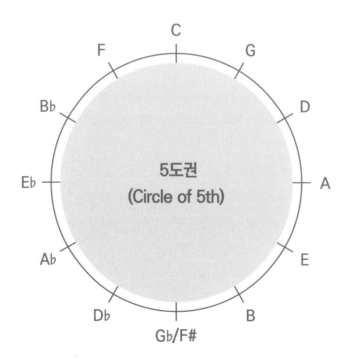

12개의 음은 이렇게 무한대로 계속 돌고 돌아. 기억하니? 우리 초등학교 음악 시간에 외운 것이 있어.

'시 미 라 레 솔 도 파' 그리고 '파 도 솔 레 라 미 시'

지난 21년 동안 레슨을 하면서 이것을 물어봤을 때 모르는 사람은 단 한 명도 없었어. 근데 더 웃긴 건 이걸 왜 외우고 있는지 어떻게 쓰는지 아는 사람 또한 단 한 명도 없었어. 맞아. 그냥 외우라고 해서, 음악 시험에 나온다고 해서 외운 거야.
자! 드디어 우리는 이 비밀을 밝혀낼 시간이 왔어.

ｂ(플랫)이 붙는 순서는 '시 미 라 레 솔 도 파', #(샵)이 붙는 순서는 플랫과 반대인 '파 도 솔 레 라 미 시' 어쩌란 말이냐? 자 이제 이것을 5도권에 대입을 해 보도록 할까? 자 우선 5도권을 반으로 나누어 보자. 사과도 반으로 쪼개잖아. 너희들은 실실 쪼개고….

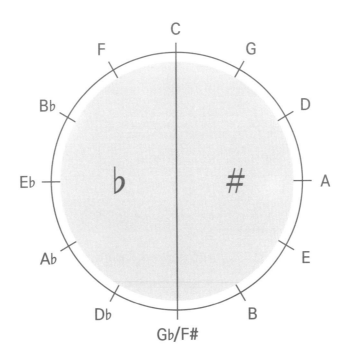

왼쪽의 반은 모두 플렛 키들이고 오른쪽의 반은 모두 #(샵) key라고 정하쟈. 그렇게 하기로 했대. 우리가 흔히 알고 있는 '도 레 미 파 솔 라 시 도', 이것은 메이저 스케일이라고 불리는 장조의 음계야. 모든 서양음악은 각자의 key를 갖고 있어. 그리고 메이저 곡의 경우, 그 key의 기본은 메이저 스케일을 기준으로 곡의 음이 쓰여.

그래. 이해 못 해도 돼. 대신 그냥 외우기!!!

대화

고구미 사실 저 아까부터 이해 못 하고 있었어요.

나 -.- 아…. 설마 설마 했는데…. 역시나….

12개의 '도 레 미 파 솔 라 시 도'가 존재해. 그리고 우린 초등학교 때 이미 12개 key의 메이저 스케일 즉, '도 레 미 파 솔 라 시 도'를 만들기 위해 #(샵) key들(G, D, A, E, B, F#)을 위한 '파 도 솔 레 라 미 시' 와 ♭(플랫) key들(F, B♭, E♭, A♭, D♭, G♭)을 위한 '시 미 라 레 솔 도 파' 를 외웠어.

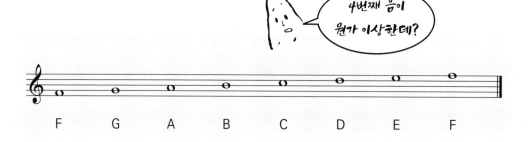

자! 이제 이것을 어떻게 써먹는지 볼까?

예를 들어 우리가 F key의 곡을 친다고 가정을 하면 'F 메이저 스케일'을 위주로 곡이 진행된다고 보면 돼. 자 그렇게 F 부터 순차적으로 그 다음 F 까지 쳐볼까? 한번 쳐봐. 그런데 잠깐…. 소리가 조금 살짝 이상하지? 왜냐면 네 번째 음, 즉 4음 때문인데 F key에서는 4음, 즉 B가 반음 내려와 B♭이 되어야 해. 따라서 F 메이저 스케일 구성음은 F, G, A, B♭, C, D, E, F 이렇게 돼.

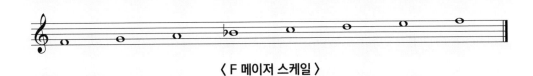

〈 F 메이저 스케일 〉

자! 이제 메이저 스케일의 올바른 소리가 들리지?
그렇다면 '시' 에 ♭이 붙어야 'F 메이저 스케일'이 완성되는 거야.

대 화

고구미　소리로는 알겠는데 계산이 안 돼요. ㅜㅜ

나　　그럼 그냥 외워!! -.-

자! 그럼 F 다음은 B♭이야. 그렇다면 시와 미에 ♭이 붙어야 메이저 스케일 사운드가
나오겠지? 그다음은 E♭ key를 보자. 시, 미, 라에 ♭이 붙어야 해. 이런 식으로 5도권
순서에 따라 ♭이 하나씩 붙여져.

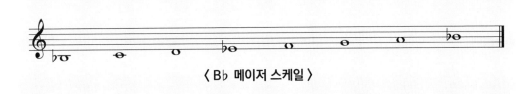

〈 B♭ 메이저 스케일 〉

대 화

고구미　아하 이제 이해가 됐어요 하나씩 붙는 거…. 이제 알겠어요.

나　　이제야……? 하긴 나 어렸을 때 어떤 아줌마한테 이거 20번 이상 얘기해준 적 있어…. 교
육이란 게…. 이해 될 때까지 무한 반복이지 뭐…. 지금도 잘 살고 계시겠지……?
나나 잘하자….

그렇다면 # key들은?

똑같아. 5도권 사이클을 보면 C 오른쪽에 G가 있지? #이 붙는 순서는 '파 도 솔 레 라 미 시' G부터 또 새롭게 출발하는 거야.

그렇다면 G 메이저 스케일을 만들기 위해서는 #이 하나 붙어야 하는데 바로 파에 붙겠지? D의 경우는 어떨까? '파'와 '도'에 #이 붙어야 우리가 원하는 메이저 스케일의 소리가 나와. 이런 식으로 12개의 장조음계 즉 메이저 스케일을 우리는 찾아내고 만들 수 있어.

♭(플랫) 조성들	♭이 붙는 개수	♭이 붙는 개수
F	1개 : 시	
B♭	2개 : 시, 미	
E♭	3개 : 시, 미, 라	
A♭	4개 : 시, 미, 라, 레	
D♭	5개 : 시, 미, 라, 레, 솔	
G♭	6개 : 시, 미, 라, 레, 솔, 도	

#(샵) 조성들	#이 붙는 개수	#이 붙는 개수
G	1개 : 파	
D	2개 : 파, 도	
A	3개 : 파, 도, 솔	
E	4개 : 파, 도, 솔, 레	
B	5개 : 파, 도, 솔, 레, 라	
F#	6개 : 파, 도, 솔, 레, 라, 미	

표로 정리를 해보면 다음과 같아.

어딘가 복잡해 보이고 어려워 보이지만 외우고 나면 단순해. 쉽게 말하면 '시 미 라 레 솔 도 파'와 '파 도 솔 레 라 미 시' 는 어떤 key에 ♭이 몇 개 붙고 #이 몇 개 붙는지 알려주는 거야. 그리고 나중에 이 5도권은 12 key를 연습하는데 있어서 아주 중요한 연습의 방법이 되니깐 아무 생각 없이 나오게 외워둬야 해.

자! 그럼 이제 슬슬 내가 할 말이 뭔지 알겠지?

시계 방향이던 시계 반대 방향이던 지체하지 말고 입으로 줄줄 외워서 나올 수 있게 모두 암기해야 해. 하고 나면 아무것도 아니니 지레 겁부터 먹는 븅신 같은 행동은 그만하시고 그냥 외워! 꼭 외워!! 무조건 외워!!! 난 이해했으니 됐어. 이딴 쓰레기 같은 생각은 지나가는 개나 주시고 외워~!!! 아…. 컴 다운……

5도권의 정리

고구미들아 큰소리를 내어 읽어보도록 해.

읽다가 이해가 안 되면 다시 앞의 페이지들로 돌아가서 천천히 읽어봐.

제발 부탁이다.

▶▶▶ 음은 5도에서 1도로 가려는 성질이 있다.

이것을 도미넌트 모션이라고 하는데 불안에서 해결하려는 과정이다.

5도에서 1도로 해결이 되고 해결되었던 1도가 다시 5도가 되면서 12개의 음은

끝없이 순환이 되는데 이것을 원Circle으로 나타낸 표를 '5도권'이라고 한다.

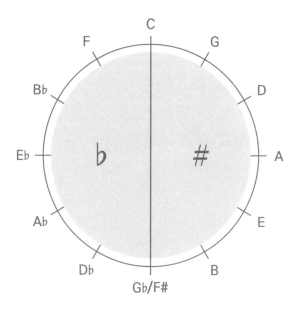

반시계 방향   C - F - B♭ - E♭ - A♭ - D♭ - G♭/F# - B - E - A - D - G - C

시계 방향   C - G - D - A - E - B - F#/G♭ - D♭ - A♭ - E♭ - B♭ - F - C

▶▶▶ 12개 각 key의 메이저 스케일과 조성을 찾아낼 수 있다.

5도권의 순서에 따라 ♭과 #이 하나씩 늘어나면서 각 키의 메이저 스케일을 완성
시킬 수 있다.

♭이 붙는 순서   시 – 미 – 라 – 레 – 솔 – 도 – 파

#이 붙는 순서   파 – 도 – 솔 – 레 – 라 – 미 – 시

▶▶▶ 5도권 사이클의 어떤 방향이던 아무 생각 없이 입으로 술술 나올 때까지
　　　달달 외워야 한다.

나중에 5도권의 순서로 스케일, 코드, 보이싱 등 모든 것을 12 key로 연습할 것이기
때문에 아무 생각 없이 나올 때까지 외워야 한다.

WEEK 02

메이저 스케일

메이저 스케일의 중요성에 대해 배우고 12 key로
손가락 번호를 모조리 싹 다 외운다.

메이저 스케일 Major Scale

우리가 피아노를 배울 때 참 수많은 의견이 분분해.

코드부터 배워야 한다. 아니다 스케일부터 배워야 한다. 등등 별 쓰잘떼기 없는 걸로 싸우는 친구들이 많아. 그런 꼴들을 보고 있으면 참 답답해. 사실 음악은 퍼즐이기에 뭐부터 해야 한다 이런 것들은 없어. 결국, 잘 치면 땡이야. 하지만 누구에게나 달려 있는 머리라는 걸 조금 굴려본다면, 화성이 나오기 전부터 우리는 노래라는 것을 불렀다는 걸 알 수 있어. 왜냐하면 최초의 음악은 사람 목소리였을 것이니깐. 한 사람의 목소리는 단음만 낼 수 있어. 뭐 가끔 몽골 같은 나라에서 목소리를 갈라서 2성부로 만드는 창법도 있지만 대개 사람들은 한 사람당 한 목소리만 낼 수 있어. 처음엔 노래를 부르다가 그 후에 여러 줄을 튕겨서 소리를 내는 기타 같은 현악기가 생기고 그걸 또 해머로 치는 건반악기가 발명되고 세상은 점점 변해가고 지금 너희들은 그놈의 피아노를 잘 쳐보겠다고 이 책을 읽고 있어.

생각해보자. 단음 하나 못 치는데 어떻게 화음을 잘 칠 수 있겠어?

또한, 이 단음은 화음을 위한 이해뿐 아니라 멜로디와 즉흥 연주를 위한 아주 중요한 요소야. 따라서 이해는 물론 아무 생각 없이 나오게 만드는 일은 당연한 거라고 난 생각해. 그중 가장 기본이 되는 장음계인 '메이저 스케일'을 한번 배워볼까?

'스케일'이라는 것은 '음계'야. 이것은 기원전 6세기경 문과 학생들이 증오하는 '삼각함수의 정리'로 우리에게 고난을 선물한 수학자 피타고라스에 의해 발견이 되었어. 어느 날 피타고라스가 깊은 고뇌에 빠져 숲속을 산책하던 중 망치 소리가 아름답게 들려서 의문을 품고 망치 무게를 달아봤더니 망치의 무게들이 다 다른 비율로 조화를 이루는 것을 발견하고 음정을 수학적으로 계산해서 평균율이라는 걸 만들어내고 음계라는 것이 생겨난 것이래. 싸이코 같아…. 하지만 이런 걸 알고 있으면 어디 가서 나처럼 자랑할 수가 있어. 이래서 사람은 나처럼 공부해야 해. 뭐든 공부해 놓으면 다 쓸 일이 생긴다.

암튼 그렇게 메이저 스케일은 앞으로 우리의 음악에 가장 중요한 기초가 되는 아주 아주 중요한 음악적 재료야….

사람이라는 동물은 쉽게 지루해하거나 어떤 것에 대해 쉽게 질려 하지. 아니… 나만 그른가? 어렸을 적에 우리 엄마가 내가 하도 장난감에 쉽게 질려 하시는 것을 보시고 커서 여자친구나 부인도 질리면 어떡하니? 라고 말씀하신 것이 아직도 생생히 기억이 나네…. 다행히 아직 와이프한테는 안 질렸어. 암튼 열심히 하란 말이야…. 갑자기?

대화

고구미	선생님 저는 모솔이에요.
나	말 안해도 알아. 딱 그렇게 보여. 따라서 넌 열심히 음악을 안 하면 여자를 만날 수가 없어. 열심히 해서 피아노로 여자를 꼬시길 바래. 진짜 열심히 독하게 해야겠다…. 흑흑흑
고구미	힘낼게요…….

재즈에는 수많은 스케일들이 존재하는데 바로 이러한 이유에서 생겨난 것들이 아닐까 하는 생각을 해봤어. 누군가가 메이저 스케일로만 한 10년 곡을 썼더니 너무 뻔한 음들이 나오고 이제 지칠 때 즈음에 꿈에서 나오던지, 옆에 놈이 치던지 상상도 못 했던 번뜩이는 음이 생각나서 쳐보니 새로움을 느끼고, 뭐 대충 이런 식으로 새로운 것은 나오게 되는 것 같아. 그리고 우리는 이것을 발견 혹은 창조라고 부르지. 하지만 그 새로운 것을 나오게 하기 위해 얼마나 많은 고뇌와 인내의 시간이 필요할까? 세상에 그냥 나오는 건 없어. 그 누군가가 고뇌하고 괴로워하는 과정을 통해 새로운 게 나오는 거야. 우린 그런 과정도 생각해야 해.

메이저 스케일을 배울 때 우리는 대부분 이렇게 배워. '3음과 4음 사이, 7음과 8음 사이가 반음이고 나머지는 온음이다.' 뭐 이런 소리들…. 그런데 생각을 해보면 음악은 시간의 예술이야. 이 말은 곧 우리가 생각하는 순간에도 시간은 흐르고 있다는 거야. 따라서 우리는 생각할 시간이 없어. 왜냐면 이미 생각하고 있을 때 그 코드나 멜로디는 지나가 있으니깐….

사람이 자신의 모국어를 말할 때 주어, 동사, 목적어 생각하고 말하나? 아니, 음악은 언어와 같아. 음악과 언어를 비교해보자면 주어, 동사, 이런 것들이 바로 언어에서 부르는 '문법'이라고 부르는 '이론'이야. 하지만 이미 말을 다 완벽하게 하고 난 다음인 중학교, 고등학교 때 우리는 문법을 배워. 그르치. 반복 학습이야. 글을 배우는 것과도 같아. 어렸을 때부터 수없이 엄마 아빠라는 단어를 반복하고 점점 발전시키며 문장과 표현들을 외우는 것이었어.

음악도 그래. 어떤 멋진 음악이나 사운드가 있으면 똑같이 될 때까지 따라 하면 돼. 일단은 이론이고 나발이고 필요 없어. 그러다가 보면 지겨워서 응용이라는 것을 하면서 자신만의 것이 되거나, 더 나아가 새로운 어떠한 것이 창조되는 거야. 모방은 창조의 어머니라는 말 괜히 있는 것이 아니야.

난 이 말은 정말 당연한 명언이라고 생각해. 그래. 우리는 스케일 칠 때 생각할 시간이 없어. 그냥 외우는 거야. 그리고 그거 알아? 외우고 나면 이해가 돼. 왜? 칠 줄 아니깐. 그다음엔 그것들을 가지고 어떻게 좋은 소리를 내는지를 고민하는 거야.

자 그럼 슬슬 메이저 스케일을 외워볼까?

대화

고구미 선생님 두려워요. 제가 과연 외울 수 있을까요?

나 이 세상에 안 되는 거 없어. 그리고 니가 스케일을 외울 때는 그 어떠한 재능도 필요 없어.
오직 근면, 성실만이 필요해. 그냥 외우는 과정이잖아.
해보지도 않고 그딴 나약한 소리를 하려면 그냥 지금 나가. 꺼져 버려.

고구미 죄송합니다. 정신 차리고 해 볼게요….

나 아…. 애는 착한데…….

스케일 연습 방법

① 메이저 스케일의 음 익히고 외우기

일단 우리는 박자고 나발이고, 톤이고 나발이고, 손가락 번호고 나발이고 음과 익숙해져야 해. 무조건 반복이야.

이제부터 12 key의 메이저 스케일을 쳐 보도록 할게.

한 손가락으로만 쳐도 상관없어. 그냥 편하게 소리만 느껴보도록 하자. 잘 생각해보면 각 key 별로 음의 높이만 다르지 음의 소리(간격)는 똑같아. 우리는 우선 그것을 느껴보도록 하자. 입으로 부르면서 쳐 볼까?

앗! 그리고 아직 박자는 중요하지 않지만, 우리가 해야 할 것이 또 하나 있어. 바로 카운팅이라는 거야. 생각할 게 참 많아, 그치? 하지만 익숙하게 만들면 돼. 안 되는 게 어딨어? 그만큼 안 한 거지. 이따 배우게 될 손가락 번호는 머릿속으로 생각하고 입으로 원 앤, 투 앤, 쓰리 앤, 포 앤 이렇게 카운팅을 해야 해. 그리고 처음부터 이 두 가지를 같이 하려고 하지 마!!! 그럼 결국 지쳐. 처음엔 손가락번호고 나발이고 일단 카운팅을 하는 습관을 키워야 해. 그런 다음에 생각 없이 손가락 번호를 외우고 뇌 속에서 저장되어 본능적으로 나오면 입으로 카운팅도 같이 하는 거야. 쉬워. 해볼까?

이걸 왜 해? 난 피아노 칠 거야. 난 음치라서 안 돼…. 이렇게 생각하는 고구미들, 사실 벌써 여기서 포기하는 고구미들, 아니면 내가 맞는지 틀리는지 모르거나 그냥 스킵하는 고구미들 많을거야. 이런 고구미들은 결국 실력도 스킵 된다는 거 기억해. 수단과 방법을 가리지 말고 되게 해. 될 때까지 천천히 한 key씩 노래를 불러봐. 자신이 부르는 노래를 핸드폰으로 녹음해서 들어봐. 아니면 오글거리겠지만 성공하는 사람들은 다 한다는 옆에 친구나 연인을 앉혀 놓고 들려줘. 사랑이 두 배가 돼. 얼마나 구린지…. 하지만 계속해. 괜찮아질 때까지…….

이걸 전문용어로 모니터링이라고 해. 자신의 소리를 모니터링 해 보는 습관 아주 중요해. 물론 귀찮지. 근데 그것이 늘어가는 과정이에요. 실력이 늘어 간다는 것, 이거 사실 별거 아니야! 그냥 단순하게 생각하면 안 되던 것들이 되는 거야. 아님 익숙해지거나. 참 쉽지? 할 수 있어. 포기하지 마!!

Major Scale

C

원 & 투 & 쓰리 & 포 &　　　원 & 투 & 쓰리 & 포 &　　원 & 투 & 쓰리 & 포 &　　　원 & 투 & 쓰리 & 포 &

F

원 & 투 & 쓰리 & 포 &　　원 & 투 & 쓰리 & 포 &　　원 & 투 & 쓰리 & 포 &　　원 & 투 & 쓰리 & 포 &

B♭

원 & 투 & 쓰리 & 포 &　　원 & 투 & 쓰리 & 포 &　　원 & 투 & 쓰리 & 포 &　　원 & 투 & 쓰리 & 포 &

E♭

원 & 투 & 쓰리 & 포 &　　원 & 투 & 쓰리 & 포 &　　원 & 투 & 쓰리 & 포 &　　원 & 투 & 쓰리 & 포 &

A♭

원 & 투 & 쓰리 & 포 &　　원 & 투 & 쓰리 & 포 &　　원 & 투 & 쓰리 & 포 &　　원 & 투 & 쓰리 & 포 &

D♭

원 & 투 & 쓰리 & 포 &　　원 & 투 & 쓰리 & 포 &　　원 & 투 & 쓰리 & 포 &　　원 & 투 & 쓰리 & 포 &

Gb

원 & 투 & 쓰리 & 포 &　원 & 투 & 쓰리 & 포 &　원 & 투 & 쓰리 & 포 &　원 & 투 & 쓰리 & 포 &

B

원 & 투 & 쓰리 & 포 &　원 & 투 & 쓰리 & 포 &　원 & 투 & 쓰리 & 포 &　원 & 투 & 쓰리 & 포 &

E

원 & 투 & 쓰리 & 포 &　원 & 투 & 쓰리 & 포 &　원 & 투 & 쓰리 & 포 &　원 & 투 & 쓰리 & 포 &

A

원 & 투 & 쓰리 & 포 &　원 & 투 & 쓰리 & 포 &　원 & 투 & 쓰리 & 포 &　원 & 투 & 쓰리 & 포 &

D

원 & 투 & 쓰리 & 포 &　원 & 투 & 쓰리 & 포 &　원 & 투 & 쓰리 & 포 &　원 & 투 & 쓰리 & 포 &

G

원 & 투 & 쓰리 & 포 &　원 & 투 & 쓰리 & 포 &　원 & 투 & 쓰리 & 포 &　원 & 투 & 쓰리 & 포 &

수고했어. 근데 지금부터가 시작이지롱.

여기서 중요한 것은 우리가 느껴야 한다는 것, 무엇을? 바로 스케일의 소리를. 메이저 스케일의 사운드를 외워야 해. 그러기 위해서는 일단 12 key를 무식하게 계속 치는 것보다는 한 키로 외우는 걸 추천해. 기준이 있어야겠지? 맞아. 그 소리를 익숙하게 만들어서 외워야 해.

일단 만만한 놈으로 (대부분이 C key를 선택하겠지? 상관없어. 근데 이왕 하는 거 되도록 익숙하지 않은 key를 도전해 보자) 한 놈 골라다가 하루 종일 쳐 봐. 그다음엔 이것을 입으로 부를 수 있어야 해. 어느 정도 머릿속에 박혔다고 생각되면 각 key의 첫 음 즉 근음만 치고 나머지 7음들을 상상해서 입으로 불러야 해. 입으로 나오면 머릿속에 있다는 증거니깐.

입으로 부르는 거, 생각보다 안 되는 사람 많아. 생각보다 어려운 거야. 실제로 시키면 진짜 엉뚱한 음 부르더라. 그러나 우리는 뭐? 성취감 때문에 하는 거니깐 포기하지 말도록 하자.

② 손가락 번호 외우기

이제 우리는 12 key로 버벅거리지만 망설임 없이 12 key로 메이저 스케일을 입으로 부를 수도 있고 칠 수도 있어. 거봐!! 벌써 실력이 는 거야. 어때? 해보니깐 아무것도 아니지? 별거 아니야. 이렇게 일단 지르고 나면 또 그다음 산이 기다리고 있어. (사실 100개 중에 이제 하나 한 거야. 하지만 앞은 쳐다보지 말기로 해. 안보이니깐……)

자! 이번에는 우리 손가락 연습 좀 해볼까? 막 치면 나중에 손가락이 꼬여. 그럼 븅신 같다는 소리를 들어. 그니깐 못 배운 놈 소리 안 들으려면 천천히 쳐. 보통 민간인은 평소에 오른손 손가락 3개 정도를 써. 밥 먹을 때, 글씨 쓸 때, 아니면 컴퓨터 키보드 칠 때 등등. 슬프게도 피아노는 열 손가락을 다 써. 그르치. 피아노도 치고 치매도 예방할 수 있어. 운동이라고 생각하고 (실제로 몸을 쓰니 운동 맞지) 그냥 하자. 모든 스케일에는 손가락 번호가 있어. 벌써 아…. 이걸 언제 어떻게 다 외워? 이렇게 생각하겠지만 하고 나면 아무것도 아니야.

왜냐면 내가 지난 21년 동안 안 되던 것들을 되게 만드는 일을 해왔고 실제로 또 지켜 봐 왔으니깐. 사실 결국 자기 스스로 하는 거야. 외우고 나면 생각보다 재밌어. 자신감 도 생기고. 자존감 없다고 우울해할 시간에 하나하나 만들어 가자. 밝게 갑시다, 밝게.

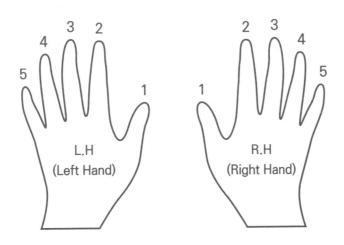

자! 이제부터 손가락 번호를 알려 드릴게. 매일 한 시간씩 쳐 보도록 해. 안 늘 수가 없 어. 실제로 평소에 안 하던 생각이란 걸 하니 머리도 좋아지고 시간도 잘 가. 설령 잘 안되면 더 천천히 해. 오른손 왼손 분명 헷갈릴 거야. 근데 잘 살펴보면 다들 현대사 회에서 살아서 그런지 마음이 급하시더라고. 그리고 안 돼도 그대가 멍청한 것이 아니 고 원래 그래. (근데 사실 이 부분에선 나도 장담을 못 하겠어. 실제로 정말 나의 고구 미들이 멍청할 수도 있잖아…)

하지만 원래 잘 안 외워지고 원래 헷갈린 작업이야. 희망을 갖자. 몸에 익숙하게 될 때 까지 하는 것이니 익숙해질 때까지 해야 해. 난 이렇게 생각해. 우리가 글을 읽고 말을 할 수 있는 능력이 있다면 뭐 이 정도 외우는 거야 껌이라고…. 느리면 어때. 해내는 것 이 중요하지. 노력이 중요한 거야. 노력은 배신하지 않는다잖아?

Major Scale

C

R.H 1 2 3/ 1   2 3 4 5   5 4 3 2   1/ 3 2 1

F

R.H 1 2 3 4/ 1 2 3 4   4 3 2 1/ 4 3 2 1

B♭

R.H 2 1 2 3/ 1 2 3 4   4 3 2 1/ 3 2 1 2

E♭

R.H 2 1 2 3   4/ 1 2 3   3 2 1/ 4   3 2 1 2

A♭

R.H 2 3/ 1 2   3/ 1 2 3   3 2 1/ 3   2 1/ 3 2

D♭

R.H 2 3/ 1 2   3 4/ 1 2   2 1/ 4 3   2 1/ 3 2

Gb

R.H 2 3 4/ 1 2 3/ 1 2 2 1/ 3 2 1/ 4 3 2

B

R.H 1 2 3/ 1 2 3 4 5 5 4 3 2 1/ 3 2 1

E

R.H 1 2 3/ 1 2 3 4 5 5 4 3 2 1/ 3 2 1

A

R.H 1 2 3/ 1 2 3 4 5 5 4 3 2 1/ 3 2 1

D

R.H 1 2 3/ 1 2 3 4 5 5 4 3 2 1/ 3 2 1

G

R.H 1 2 3/ 1 2 3 4 5 5 4 3 2 1/ 3 2 1

③ 왼손 손가락 번호 외우기

오른손 손가락 번호 외우는 데 얼마나 걸렸니? 일주일? 한 달? 상관없어. 우린 외웠으니깐. 근데 미안해. 이제 왼손 새로 시작할게ㅋㅋㅋ 청천벽력같은 소리지? 근데 어떡해. 왼손은 또 다른걸…. 내가 만든 게 아니고 원래 이래. 이 손가락 번호가 지난 100년 이상 사용되는 데는 이유가 있겠지? 역시 천천히 쳐 보셔.

박자고 뭐고 상관없어. 일단 치는 거야. 근데 제발 천천히 쳐. 카운팅 하면서 손가락 번호가 보이는 속도로. 진짜 천천히 쳐야 해!!! 급할 것 없잖아? 내가 두 번 이상 말하는 건 진짜 너무너무 중요한 거야.

자 출발해 볼까?

여기서 살짝 팁을 알려준다면 사람의 뇌는 두 가지 기억 방법이 있어.

바로 단기 기억과 장기 기억이라는 거야. 과학 시간 아니고 음악 시간이에요. 졸지 마!! 몇 분 동안에서 몇 시간의 기억을 단기 기억, 그리고 하루 이상의 기억을 장기 기억이라고 해. 단기 기억을 장기 기억으로 바꾸려면 반복 학습이라는 걸 해야 해. 최소한의 단위로 외워야 기억에 많이 남아. 실제로 악보를 잘 외우는 애들은 곡을 처음부터 끝까지 안치고 4마디나 8마디씩 나눠서 연습해. 그렇게 반복 연습을 하면 몸에 익숙해져서 장기 기억이 되지.

단기 기억을 잘 활용하기 위해선 일단 하루에 두 키씩만 외워. 12 key니깐 2개씩 외우면 6일이 걸려. 그리고 7일째 되는 날, 12 key를 다 쳐 보는 거야.

자! 그러니깐 첫날은 C, F key, 다음 날은 C, F key 복습 후 B♭, E♭ key, 뭐 이렇게 연습을 하면서 기억을 되살리고 하루에 두 key씩 집중을 해보는 거야. 그럼 더 빨리 외울 수가 있어.

키야~ 별걸 다 알려준다. 또한, 중요한 건 우리가 왼손잡이가 아닌 이상 왼손은 더 힘들어. 머릿속과 몸이 따로 놀지. 따라서 왼손을 두 배 더 열심히 쳐야 해. 어쩔 수 없어. 너만 그런 게 아니고 누구나 다 그래. 부모의 마음으로 내가 미안해.

자 그럼 시작해 볼까?

두 번째 미션이야. 왼손 가 봅시다. 옆에서 지랄해주는 사람이 있으면 더 빨리 외울 수 있을 텐데 혼자 하려니깐 죽겠지? 원래 그래. 독학이라는 게 자신과의 싸움이잖아. 책임감을 가지고 해!! 억지로 해!! 아니 사실은 천천히 즐기면 억지로 할 필요도 없지. 이걸 즐기는 놈도 제정신은 아니야. 미안해. 뭐 어쩌라는 건지ㅋㅋㅋ 옆에서 약 올리는 거 같네. 사실 약 올리는 거 맞아. 난 이미 외웠거든. 외웠지롱ㅋㅋㅋㅋㅋ

그만할게. 화이...팅.

대화	
고구미	선생님….
나	모…. 외워 이쟈식아 그냥….

Major Scale

C

L.H   5   4   3   2   1/   3   2   1   1   2   3/   1   2   3   4   5

F

L.H   5   4   3   2   1/   3   2   1   1   2   3/   1   2   3   4   5

B♭

L.H   3   2   1/   4   3   2   1   2   2   1   2   3   4/   1   2   3

E♭

L.H   3   2   1/   4   3   2   1   2   2   1   2   3   4/   1   2   3

A♭

L.H   3   2   1/   4   3   2   1   2   2   1   2   3   4/   1   2   3

D♭

L.H   3   2   1/   4   3   2   1   2   2   1   2   3   4/   1   2   3

Gb L.H 4 3 2 1/ 3 2 1 2 2 1 2 3/ 1 2 3 4

B L.H 4 3 2 1/ 4 3 2 1 1 2 3 4/ 1 2 3 4

E L.H 5 4 3 2 1/ 3 2 1 1 2 3/ 1 2 3 4 5

A L.H 5 4 3 2 1/ 3 2 1 1 2 3/ 1 2 3 4 5

D L.H 5 4 3 2 1/ 3 2 1 1 2 3/ 1 2 3 4 5

G L.H 5 4 3 2 1/ 3 2 1 1 2 3/ 1 2 3 4 5

④ 양손으로 1옥타브 치기

드디어 우리는 왼손과 오른손의 손가락 번호를 다 외웠어ㅜㅜ 고생했어. 너 다른 사람이 이 메이저 스케일 칠 때는 뭐야 왜 저걸 하나 못 하나? 이랬지? 쉬워 보였지…? 실제로 본인이 해보니 완전 안 외워지지? 꼴 좋다…. 근데 다 그런 거야. 직접 해봐야 해. 자기 자신이 직접 해보기 전엔 절대 몰라. 그래서 경험이 아주 중요한 거야. 하지만 우린 뭐 결국 다 외웠어.

이제 왼손과 오른손의 컴비네이션을 한 번 도전해 볼까? 피아노는 양손으로 치는 거니깐 어쩔 수 없이 양손이 따로 연습이 되어야 해. 자꾸 미안한데 오른손 왼손 손가락 번호가 달라. 근데 말이야, 천천히 치면 돼. 아니 생각해보니깐 내가 만든 것도 아닌데 내가 왜 사과를 하는 거야? -.- 아주 천천히 입으로 원 앤, 투 앤, 쓰리 앤, 포 앤을 세면서. 무조건 천천히 쳐야 해.

잠깐!!! 너 카운팅하는거 고새 또 까먹었지? 내 이럴 줄 알았지. 계속 생각해. 그리고 누르는 손가락이 보여야 해. 머리로 인지할 만큼 천천히. 급할 필요 없잖아. 편하게 해. 적! 당! 히!
자! 이제부터 양손 악보를 보고 천천히 한 key씩 또 도전해 보자.

Major Scale

C

R.H 1 2 3/ 1   2 3 4 5   5 4 3 2   1/ 3 2 1

L.H 5 4 3 2   1/ 3 2 1   1 2 3/ 1   2 3 4 5

F

R.H 1 2 3 4/ 1 2 3 4   4 3 2 1/ 4 3 2 1

L.H 5 4 3 2   1/ 3 2 1   1 2 3/ 1   2 3 4 5

Bb

R.H 2 1 2 3/ 1 2 3 4   4 3 2 1/ 3 2 1 2

L.H 3 2 1/ 4   3 2 1 2   2 1 2 3   4/ 1 2 3

Eb

R.H 2 1 2 3   4/ 1 2 3   3 2 1/ 4   3 2 1 2

L.H 3 2 1/ 4   3 2 1 2   2 1 2 3   4/ 1 2 3

A♭

R.H 2   3/ 1 2   3/ 1 2 3   3 2 1/ 3   2 1/ 3 2

L.H 3   2   1/ 4   3 2 1 2   2 1 2 3   4/ 1 2 3

D♭

R.H 2   3/ 1 2   3 4/ 1 2   2 1/ 4 3   2 1/ 3 2

L.H 3   2   1/ 4   3 2 1 2   2 1 2 3   4/ 1 2 3

G♭

R.H 2   3 4/ 1   2 3/ 1 2   2 1/ 3 2   1/ 4 3 2

L.H 4   3   2   1/   3 2 1 2   2 1 2 3/ 1 2 3 4

B

R.H 1   2   3/ 1   2 3 4 5   5 4 3 2   1/ 3 2 1

L.H 4   3   2   1/ 4   3 2 1   1 2 3 4/ 1 2 3 4

E

R.H	1	2	3/	1	2	3	4	5	5	4	3	2	1/	3	2	1
L.H	5	4	3	2	1/	3	2	1	1	2	3/	1	2	3	4	5

A

R.H	1	2	3/	1	2	3	4	5	5	4	3	2	1/	3	2	1
L.H	5	4	3	2	1/	3	2	1	1	2	3/	1	2	3	4	5

D

R.H	1	2	3/	1	2	3	4	5	5	4	3	2	1/	3	2	1
L.H	5	4	3	2	1/	3	2	1	1	2	3/	1	2	3	4	5

G

R.H	1	2	3/	1	2	3	4	5	5	4	3	2	1/	3	2	1
L.H	5	4	3	2	1/	3	2	1	1	2	3/	1	2	3	4	5

⑤ 메이저 스케일 두 옥타브로 확장시키기

자! 이번에 배울 것은 바로 확장이야. 피아노는 88개의 건반으로 이루어져 있어.
악기 중에서 가장 많은 음역대를 가진 악기라고 볼 수 있어. 따라서 우리는 C key에
서 도에서 도까지의 한 옥타브 이상을 칠 수가 있어야 해. 그러려면 손가락 번호가 살
짝 바뀌어. 걱정하지 마. 아주 살짝 바뀌니깐. 쫄지 좀 마.

'확장'을 하기 위해 마지막 손가락인 5번을 다시 1번으로 바꿔서 다시 새로 시작하게
만들어주는 거야. 글로 설명하는 것보다 그림을 보는 게 훨씬 더 빠를 거야. 68페이지에
손가락 번호가 바뀌는 악보를 준비했어.
어때? 할 만하지? 그러나 역시 천천히. 빠르게 칠 필요가 전혀 없어. 그리고 여전히 카
운팅 하시는 거 기억하길 바라. 계속 생각해. 슬슬 또 시작해 볼까?

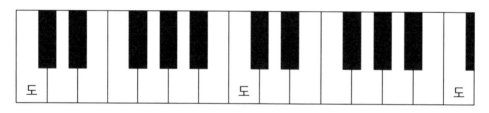

⑥ 비트 나누기 : 4분 음표, 8분 음표, 3연음, 16분 음표

대화

나	비트라는 단어, 이제 하도 들어서 어색하지도 않지?
고구미	선생님 저는 영화 비트의 정우성이 생각나요⋯.
나	개소리 집어치우고 집중하자.

드랍 더 비트, 비트의 마술사, 비트 주세요~ 등등 TV에서 매일 한 번씩은 듣잖아. 그 런데 막상 비트가 뭐야? 하고 생각해본 적 있어? 누군가가 물어본다면 설명할 수 있을까?ㅋㅋㅋ 애매하지? 자 가르쳐 줄게.

비트는 바로 음의 타이밍이야. 리듬이 떨어지는 타이밍. 우선 B.P.M이라는 단어가 있어. Beat Per Minute의 약자지. 이건 바로 속도를 의미해. 곡의 템포Tempo. 그래서 어떤 곡의 bpm은 60, bpm=120 등등 이런 말을 해. 곡의 속도, 이것이 바로 BPM 이야. 그렇다면 비트란? 흔히 비트Beat에는 4비트, 8비트, 24비트, 16비트가 있어.

4비트는	4분 음표에 떨어지는 타이밍
8비트는	8분 음표에 떨어지는 타이밍
12, 24비트는	셋잇단 음표에 떨어지는 타이밍 (홀수 박자)
16비트는	16분 음표에 떨어지는 타이밍

을 말해.

보통 4분의 4박에서 '원 투 쓰리 포' 이건 첫 박이지?

이걸 8비트로 나눈다면 원 앤, 투 앤, 쓰리 앤, 포 앤 이야. 4분음표를 반으로 나누는 거지. 이렇게 원 투 쓰리 포와 그 사이에 있는 앤이 떨어지는 타이밍을 비트라고 불러.

그르치. 결국, 음표를 쪼개는 혹은 나누는 거로 생각하면 편해. 근데 이렇게 리듬을 나눌 때 정확하게 그 타이밍에 음이 맞아 떨어져야 해. 무작위로 나누는 게 아니야. 흔히 우리가 '칼박'이라고 부르는 박자는 칼처럼 정확하게 맞아떨어진다고 해서 그렇게 부르는 거야.

여기서 또 나오는 말이 바로 '그루브Groove'라는 건데. 나는 개인적으로 그루브는 리듬의 뉘앙스라고 생각해. 지구상의 모든 음악은 국악부터 재즈, 팝까지 모두 그 장르만의 그루브와 비트가 있어. 이 그루브와 비트는 어떠한 장르의 음악을 그 음악처럼 들리게 해주는 아주 중요한 포인트야. 따라서 그루브를 이해하는 것은 아주 아주 중요해. 암튼 그루브는 나중에 우리가 좀 더 음악을 알 때 다시 설명하기로 하고 우선 우리는 비트에 집중해 볼까? 그래, 뭐 쪼개기? 리듬 나누기? 이 정도로 가볍게 생각하고 쳐보도록 해 보자.

자 이제부터 새로 등장하는 친구가 있어. 이상하게 모두가 싫어하는 불쌍한 친구, 그의 이름은 '메!트!로!놈!' 생각해보니 박자 맞추는 걸 대부분 사람들이 싫어하더라고. 왜? 피곤하니깐ㅋㅋㅋㅋ

하지만 뭐다? 사람이 발전하려면 피곤해야 한다. 따라서 메트로놈을 우리의 절친으로 만들어야 해. 이게 피아노를 잘 치는 방법이고 음악을 잘 하는 방법이야. 어때? 친해져야겠지? 그대의 비트를 완벽하게 만들어 줄 수 있는 유일한 친구이자 다가가긴 어렵지만 일단 친해지고 나면 너무 매력적인 아이가 바로 메트로놈이야. 솔직히 얘가 뭘 잘 못 했냐? 못 치는 니 잘못이지…. 그리고 친구 없는 우리 고구미들에겐 희소식이지. 이름도 놈으로 끝나잖아. 이 아이를 싫어하는 이유는 단순히 우리가 박자를 못 맞춰서야. 얘는 아무 잘못 없어. 근데 잘하면 친해질 수밖에 없어. 자 일단 메트로놈 애플리케이션 하나씩 다 있지? 없으면 다운받자. 무료도 많으니깐.

갑자기 비트를 설명하다가 메트로놈이 왜 나오느냐? 바로 이 메트로놈 안에 모든 비트가 다 있기 때문이야. 자 앱 다 다운받았니? 보통 메트로놈을 켜면 '♩=60' 이런 표시가 보일거야. 이걸 바로 'BPMBeat per Minute'라고 해. 많이 들어봤지? 이걸로 속도를 조절하면 되는데 너희는 60부터 200까지 1씩 속도를 올려가며 연습하도록 해.

메트로놈을 플레이 하면 소리가 나오지? 딱 딱 딱 딱
이게 4비트야. 또 찾아보면 4/4 라는 숫자가 있어. 이것은 바로 4분의 4박자라는 뜻이야. '4분음표가 한 마디 안에 4개 있다'라는 뜻이지. 쉽지? 눌러보면 뭐 1/4, 2/4, 3/4, 4/4, 6/8, 9/8, 12/8 등등 이렇게 고를 수가 있어. 일단 우리는 가장 보편적인 4분의 4박자를 선택해보도록 하자.
이 외에도 메트로놈에는 4분음표, 8분음표, 16분음표, 셋잇단음표 등등이 있어.
이것저것 눌러봐. 딱 딱 딱 딱 소리가 변하지?

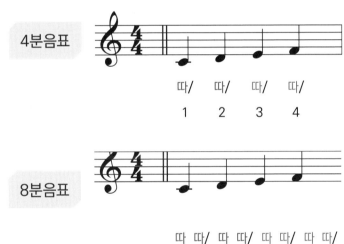

셋잇단 음표

따아 따/ 따아 따/ 따아 따/ 따아 따

1이엔 2이엔 3이엔 4이엔

16분음표

따따따따/따따따따/따따따따/따따따따

1이에나 2이에나 3이에나 4이에나

이렇게 나누는 걸 비트라고 해.

1, 2, 3, 4는 첫 박, 그리고 그 뒤에 나오는 앤, 이에나, 이엔 이런 것들이 바로 비트야. 이 또한 우리가 스케일을 입으로 불렀듯이 입으로 정확히 나눌 수가 있어야 해. 아무리 화려한 음을 쳐도 비트가 안 맞으면 그냥 구리게 들리거든.

자 무조건 천천히 쳐 보도록 하자.

첫 번째로는 4분음표로 한 옥타브를 칠 거야.

BPM은 60부터 맞추고!! 천천히 쳐. 무조건 천천히!!!

니들은 꼭 잘 치지도 못하면서 빨리 치더라? 도대체가 난 이해를 못 하겠어.

Major Scale 4분 음표 1옥타브

C

| R.H | 1 | 2 | 3/ | 1 | | 2 | 3 | 4 | 5 | | 5 | 4 | 3 | 2 | | 1/ | 3 | 2 | 1 |
| L.H | 5 | 4 | 3 | 2 | | 1/ | 3 | 2 | 1 | | 1 | 2 | 3/ | 1 | | 2 | 3 | 4 | 5 |

F

| R.H | 1 | 2 | 3 | 4/ | | 1 | 2 | 3 | 4 | | 4 | 3 | 2 | 1/ | | 4 | 3 | 2 | 1 |
| L.H | 5 | 4 | 3 | 2 | | 1/ | 3 | 2 | 1 | | 1 | 2 | 3/ | 1 | | 2 | 3 | 4 | 5 |

Bb

| R.H | 2 | 1 | 2 | 3/ | | 1 | 2 | 3 | 4 | | 4 | 3 | 2 | 1/ | | 3 | 2 | 1 | 2 |
| L.H | 3 | 2 | 1/ | 4 | | 3 | 2 | 1 | 2 | | 2 | 1 | 2 | 3 | | 4/ | 1 | 2 | 3 |

Eb

| R.H | 2 | 1 | 2 | 3 | | 4/ | 1 | 2 | 3 | | 3 | 2 | 1/ | 4 | | 3 | 2 | 1 | 2 |
| L.H | 3 | 2 | 1/ | 4 | | 3 | 2 | 1 | 2 | | 2 | 1 | 2 | 3 | | 4/ | 1 | 2 | 3 |

A♭

| R.H | 2 | 3/ | 1 | 2 | | 3/ | 1 | 2 | 3 | | 3 | 2 | 1/ | 3 | | 2 | 1/ | 3 | 2 |
| L.H | 3 | 2 | 1/ | 4 | | 3 | 2 | 1 | 2 | | 2 | 1 | 2 | 3 | | 4/ | 1 | 2 | 3 |

D♭

| R.H | 2 | 3/ | 1 | 2 | 3 | 4/ | 1 | 2 | | 2 | 1/ | 4 | 3 | | 2 | 1/ | 3 | 2 |
| L.H | 3 | 2 | 1/ | 4 | 3 | 2 | 1 | 2 | | 2 | 1 | 2 | 3 | | 4/ | 1 | 2 | 3 |

G♭

| R.H | 2 | 3 | 4/ | 1 | | 2 | 3/ | 1 | 2 | | 2 | 1/ | 3 | 2 | | 1/ | 4 | 3 | 2 |
| L.H | 4 | 3 | 2 | 1/ | | 3 | 2 | 1 | 2 | | 2 | 1 | 2 | 3/ | | 1 | 2 | 3 | 4 |

B

| R.H | 1 | 2 | 3/ | 1 | | 2 | 3 | 4 | 5 | | 5 | 4 | 3 | 2 | | 1/ | 3 | 2 | 1 |
| L.H | 4 | 3 | 2 | 1/ | | 4 | 3 | 2 | 1 | | 1 | 2 | 3 | 4/ | | 1 | 2 | 3 | 4 |

E

R.H   1   2   3/ 1   2   3   4   5   5   4   3   2   1/ 3   2   1

L.H   5   4   3   2   1/ 3   2   1   1   2   3/ 1   2   3   4   5

A

R.H   1   2   3/ 1   2   3   4   5   5   4   3   2   1/ 3   2   1

L.H   5   4   3   2   1/ 3   2   1   1   2   3/ 1   2   3   4   5

D

R.H   1   2   3/ 1   2   3   4   5   5   4   3   2   1/ 3   2   1

L.H   5   4   3   2   1/ 3   2   1   1   2   3/ 1   2   3   4   5

G

R.H   1   2   3/ 1   2   3   4   5   5   4   3   2   1/ 3   2   1

L.H   5   4   3   2   1/ 3   2   1   1   2   3/ 1   2   3   4   5

Major Scale 8분 음표 2옥타브

C

R.H 1 2 3/1 2 3 4/1 2 3/1 2 3 4 5 5 4 3 2 1/3 2 1/ 4 3 2 1/ 3 2 1

L.H 5 4 3 2 1/3 2 1/ 4 3 2 1/ 3 2 1 1 2 3/1 2 3 4/1 2 3/1 2 3 4 5

F

R.H 1 2 3 4/ 1 2 3/1 2 3 4/1 2 3 4 4 3 2 1/ 4 3 2 1/ 3 2 1/4 3 2 1

L.H 5 4 3 2 1/3 2 1/ 4 3 2 1/ 3 2 1 1 2 3/1 2 3 4/1 2 3/1 2 3 4 5

B♭

R.H 2 1 2 3/ 1 2 3 4/ 1 2 3/1 2 3 4 4 3 2 1/ 3 2 1/4 3 2 1/3 2 1 2

L.H 3 2 1/4 3 2 1/3 2 1/4 3 2 1 2 2 1 2 3 4/1 2 3/ 1 2 3 4/ 1 2 3

E♭

R.H 2 1 2 3 4/1 2 3/ 1 2 3 4/ 1 2 3 3 2 1/4 3 2 1/3 2 1/4 3 2 1 2

L.H 3 2 1/4 3 2 1/3 2 1/4 3 2 1 3 3 1 2 3 4/1 2 3/ 1 2 3 4/ 1 2 3

익숙해졌니? 자! 그렇다면 두 번째로 두 옥타브를 칠 꺼야.
하지만 이번엔 8분음표로 칠 거다. 그르치, 두 배로 빨리 치는 거지?

A♭

R.H 2 3 / 1 2   3 / 1 2 3   4 / 1 2 3 /   1 2 3   3 2 1 / 3   2 1 / 4 3   2 1 / 3 2   1 / 3 2
L.H 3 2 1 / 4   3 2 1 / 3   2 1 / 4 3   2 1 2   2 1 2 3   4 / 1 2 3 /   1 2 3 4 /   1 2 3

D♭

R.H 2 3 / 1 2   3 4 / 1 2   3 / 1 2 3   4 / 1 2   2 1 / 4 3   2 1 / 3 2   1 / 4 3 2   1 / 3 2
L.H 3 2 1 / 4   3 2 1 / 3   2 1 / 4 3   2 1 2   2 1 2 3   4 / 1 2 3 /   1 2 3 4 /   1 2 3

G♭

R.H 2 3 4 / 1   2 3 / 1 2   3 4 / 1 2   3 / 1 2   2 1 / 3 2   1 / 4 3 2   1 / 3 2 1 /   4 3 2
L.H 4 3 2 1 /   3 2 1 / 4   3 2 1 / 3   2 1 2   2 1 2 3 /   1 2 3 4 /   1 2 3 / 1   2 3 4

B

R.H 1 2 3 / 1   2 3 4 / 1   2 3 / 1 2   3 4 5   5 4 3 2   1 / 3 2 1 /   4 3 2 1 /   3 2 1
L.H 4 3 2 1 /   4 3 2 1 /   3 2 1 / 4   3 2 1   1 2 3 4 /   1 2 3 / 1   2 3 4 / 1   2 3 4

E

R.H 1 2 3/1 2 3 4/1 2 3/1 2 3 4 5 5 4 3 2 1/3 2 1/ 4 3 2 1/ 3 2 1

L.H 5 4 3 2 1/3 2 1/ 4 3 2 1/ 3 2 1 1 2 3/1 2 3 4/1 2 3/1 2 3 4 5

A

R.H 1 2 3/1 2 3 4/1 2 3/1 2 3 4 5 5 4 3 2 1/3 2 1/ 4 3 2 1/ 3 2 1

L.H 5 4 3 2 1/3 2 1/ 4 3 2 1/ 3 2 1 1 2 3/1 2 3 4/1 2 3/1 2 3 4 5

D

R.H 1 2 3/1 2 3 4/1 2 3/1 2 3 4 5 5 4 3 2 1/3 2 1/ 4 3 2 1/ 3 2 1

L.H 5 4 3 2 1/3 2 1/ 4 3 2 1/ 3 2 1 1 2 3/1 2 3 4/1 2 3/1 2 3 4 5

G

R.H 1 2 3/1 2 3 4/1 2 3/1 2 3 4 5 5 4 3 2 1/3 2 1/ 4 3 2 1/ 3 2 1

L.H 5 4 3 2 1/3 2 1/ 4 3 2 1/ 3 2 1 1 2 3/1 2 3 4/1 2 3/1 2 3 4 5

자!! 좀 더 어려운 걸 해볼까?

이번엔 셋잇단음표 즉 3연음이야. 이건 3옥타브로 칠 거야.

중요한 건 소리가 부드러워야 해. 이름부터가 연음이잖아.

난 왜 연유가 생각나지? 부드러워서? 알아서 할게….

Major Scale 셋잇단 음표 3옥타브

C

R.H 1 2 3/ 123 4/12 3/12   34/1 2 3/1 234 5   5 4 3   21/3 21/4 3 2 1/   321/ 432 1/32 1

L.H 5 4 3 21/3 21/4 321/   321/ 4 3 2 1/32 1   1 2 3/ 123 4/12 3/12   34/1 23/1 234 5

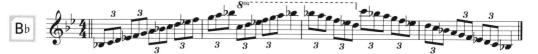

F

R.H 123 4/12 3/12 34/1   23/1 234/ 123 4   4 3 2 1/43 21/3 21/4   321/ 321/ 432 1

L.H 5 4 3 21/3 21/4 321/   321/ 4 3 2 1/32 1   1 2 3/ 123 4/12 3/12   3 4/1 23/1 234 5

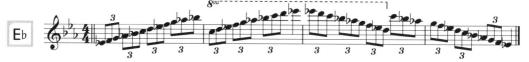

B♭

R.H 21 2 3/12 34/1 23/1   2 34/ 123/ 123 4   4 3 2 1/32 1/43 21/3   21/4 321/ 321 2

L.H 3 2 1/ 4 3 2 1/32 1/43   21/3 21/4 321 2   2 1 2 34/1 23/1 234/   123/ 123 4/12 3

E♭

R.H 21 2 34/1 23/1 234/   123/ 123 4/12 3   3 2 1/ 4 3 2 1/32 1/43   21/3 21/4 321 2

L.H 321/ 4 3 2 1/32 1/43   21/3 21/4 3 2 1 2   2 1 2 34/1 23/1 234/   123/ 123 4/12 3

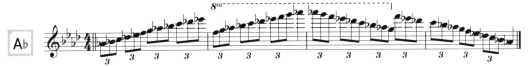

A♭

R.H 2 3 1 23/1 23/4 1 2 3/ 123/ 4 1 2 3/12 3 3 2 1/ 3 2 1 4/32 1/32 14/3 21/3 213 2

L.H 321/ 4 3 2 1/32 1/43 21/3 21/4 3 2 1 2 2 1 2 34/1 23/1 234/ 123/ 1 2 3 4/12 3

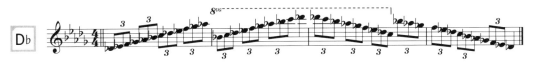

D♭

R.H 23/1 234/ 123/ 1 2 3 4/12 3/12 34/1 2 2 1/4 321/ 321/ 4 3 2 1/32 1/43 21/3 2

L.H 321/ 4 3 2 1/32 1/43 213 21/4 3 2 1 2 2 1 2 34/1 23/1 234/ 123/ 1 2 3 4/12 3

G♭

R.H 234/ 123/ 1 2 3 4/12 3/12 34/1 23/1 2 21/3 21/4 321/ 321/ 4 3 2 1/32 1/43 2

L.H 4 3 2 1/32 1/43 21/3 21/4 321/ 3 2 1 2 2 1 2 3/12 34/1 23/1 234/ 123/ 1 2 3 4

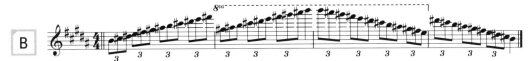

B

R.H 123/ 1 2 3 4/12 3/12 34/1 2 3/1 2 3 4 5 5 4 3 21/3 21/4 321/ 321/ 4 3 2 1/32 1

L.H 4 3 2 1/43 21/3 21/4 321/ 321/ 4 3 2 1 1 2 3 4/12 3/12 34/1 2 3/1 234/ 123 4

E

R.H 123/ 123 4/12 3/12 34/1 23/1 234 5 543 21/3 21/4 321/ 321/ 432 1/32 1

L.H 543 21/3 21/4 321/ 321/ 432 1/32 1 123/ 123 4/12 3/12 34/1 23/1 2345

A

R.H 123/ 123 4/12 3/12 34/1 23/1 234 5 543 21/3 21/4 321/ 321/ 432 1/321

L.H 543 21/3 21/4 321/ 321/ 432 1/32 1 123/ 123 4/12 3/12 34/1 23/1 2345

D

R.H 123/ 123 4/12 3/12 34/1 23/1 234 5 543 21/3 21/4 321/ 321/ 432 1/32 1

L.H 543 21/3 21/4 321/ 321/ 432 1/32 1 123/ 123 4/12 3/12 34/1 23/1 2345

G

R.H 123/ 123 4/12 3/12 34/1 23/1 234 5 543 21/3 21/4 321/ 321/ 432 1/32 1

L.H 543 21/3 21/4 321/ 321/ 432 1/32 1 123/ 123 4/12 3/12 34/1 23/1 2345

자! 이번엔 제일 어려운 16분음표.

사람은 본능적으로 16분음표를 치면 급해져. 무려 네 옥타브나 칠 꺼야.

정신 바짝 차려야 해. 정신줄 놓으면 기냥…. 나는 나의 길을 가고 있어. 학생들이 이럴 때 나는 이럴 거면 메트로놈 왜 틀었어? 전기 한 방울 안 나는 나라에서 이게 뭐 하는 짓이냐며 갖은 욕과 지랄을 퍼부어. 신기한 건 그럼 조금 나아져. 옆에서 지랄해 주는 사람을 찾아봐.

Major Scale 16분 음표 4옥타브

C

R.H 123/1 234/1 23/12 34/12 3/123 4/123/ 1234 5 5432 1/321/ 4321/ 321/4 321/3 21/43 21/32 1

L.H 5432 1/321/ 4321/ 321/4 321/3 21/43 21/32 1 123/1 234/1 23/12 34/12 3/123 4/123/ 1234 5

F

R.H 1234/ 123/1 234/1 23/12 34/12 3/123 4/123 4 4321/ 4321/ 321/4 321/3 21/43 21/32 1/432 1

L.H 5432 1/321/ 4321/ 321/4 321/3 21/43 21/32 1 123/1 234/1 23/12 34/12 3/123 4/123/ 1234 5

Bb

R.H 2123/ 1234/ 123/1 234/1 23/12 34/12 3/123 4 4321/ 321/4 321/3 21/43 21/32 1/432 1/321 2

L.H 321/4 321/3 21/43 21/32 1/432 1/321/ 4321 3 3123 4/123/ 1234/ 123/1 234/1 23/12 34/12 3

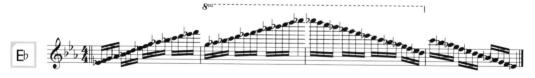

Eb

R.H 2123 4/123/ 1234/ 123/1 234/1 23/12 34/12 3 321/4 321/3 21/43 21/32 1/432 1/321/ 4321 2

L.H 321/4 321/3 21/43 21/32 1/432 1/321/ 4321 3 3123 4/123/ 1234/ 123/1 234/1 23/12 34/123

A♭

R.H　2 3 1 2　3/123　4/123/　1234/　123/1　234/1　23/12　3　321/3　21/43　21/32　1/432　1/321/　4321/　3213　2

L.H　3 2 1/4　321/3　21/43　21/32　1/432　1/321/　4321　3　3 1 2 3　4/123/　1234/　123/1　234/1　23/12　34/12　3

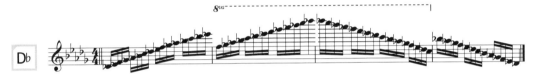

D♭

R.H　2312　34/12　3/123　4/123/　1234/　123/1　234/1　2　21/43　21/32　1/432　1/321/　4321/　321/4　3213　2

L.H　321/4　321/3　21/43　21/32　1/432　1/321/　4321　3　3 1 2 3　4/123/　1234/　123/1　234/1　23/12　34/12　3

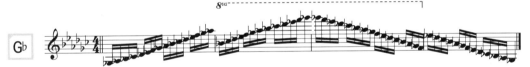

G♭

R.H　2 3 4/1　23/12　34/12　3/123　4/123/　1234/　1231　2　21/32　1/432　1/321/　4321/　321/4　321/3　21/43　2

L.H　4 3 2 1/　321/4　321/3　21/43　21/32　1/432　1/321　2　2123/　1234/　123/1　234/1　23/12　34/12　3/123　4

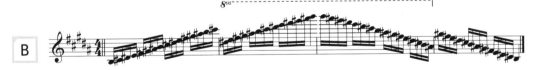

B

R.H　1 2 3/1　234/1　23/12　34/12　3/123　4/123/　1234　5　5 4 3 2　1/321/　4321/　321/4　321/3　21/43　21/32　1

L.H　4 3 2 1/　4321/　321/4　321/3　21/43　21/32　1/432　1　1234/　123/1　234/1　23/12　34/12　3/123　4/123　4

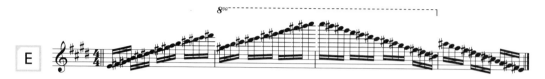

E

R.H 123/1 234/1 23/12 34/12 3/123 4/123/ 1234 5 5432 1/321/ 4321/ 321/4 321/3 21/43 21/32 1

L.H 5432 1/321/ 4321/ 321/4 321/3 21/43 21/32 1 123/1 234/1 23/12 34/12 3/123 4/123/ 1234 5

A

R.H 123/1 234/1 23/12 34/12 3/123 4/123/ 1234 5 54 3 2 1/321/ 4321/ 321/4 321/3 21/43 21/32 1

L.H 5432 1/321/ 4321/ 321/4 321/3 21/43 21/32 1 123/1 234/1 23/12 34/12 3/123 4/123/ 1234 5

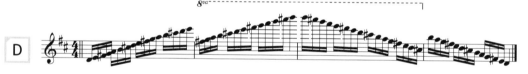

D

R.H 123/1 234/1 23/12 34/12 3/123 4/123/ 1234 5 5432 1/321/ 4321/ 321/4 321/3 21/43 21/32 1

L.H 5432 1/321/ 4321/ 321/4 321/3 21/43 21/32 1 123/1 234/1 23/12 34/12 3/123 4/123/ 1234 5

G

R.H 123/1 234/1 23/12 34/12 3/123 4/123/ 1234 5 5432 1/321/ 4321/ 321/4 321/3 21/43 21/32 1

L.H 54 3 2 1/321/ 4321/ 321/4 321/3 21/43 21/32 1 123/1 234/1 23/12 34/12 3/123 4/123/ 1234 5

자 그림에서 보는 이것이 연습의 한 세트야.

헬스장 가면 10회씩 3세트 운동 하잖아. 똑같아. 이것도 key별로 한 세트야.

이걸 12 key로 치시면 돼. 참 쉽지?

키별로 이렇게 아무 생각 없이 나오게 연습을 하도록 해. 아…. 이걸 언제 다하지? 하고 걱정부터 앞설 테지만 하고 나면 정말 아무것도 아니야. 내 레슨생들은 중딩부터 70세까지 이거 모조리 다 했어. 이 말은 누구나 다 할 수 있다는 거야. 못 하는 게 아니라 안 하는 거야. 정신 차리고 한번 해 보도록 하자. 하면 니가 좋지 내가 좋냐?

자, 시작~! 중요한 건 메트로놈과 하나가 되어야 한다는 거야. 잊지 마성.

메이저 스케일 연습의 중요성

일단 내가 유튜브에 올려놓았던 스케일 연습의 중요성을 다시 적어봤어.
대본 없이 막 지껄여서 기억이 안 나지만 한번 읊어 보자면….

1 곡의 전체적인 흐름을 알게 해 준다.

이 세상 모든 음악은 스케일로 이루어져 있어. 따라서 어떤 키의 어떤 장조인지 단
조인지 우리가 알고 있다면 그 곡을 칠 때 좀 더 자신 있게 칠 수 있고 그 곡을 이해
하면서 치게 돼. 그럼 결과물은??? 당연히 좋겠지.

2 유연성을 키워 준다.

기초는 기초인데 왜 기초인지 모르지? 일단 손가락의 유연성을 키워줘. 코드를 치
다보면 분명 안 쓰는 손가락이 있어. 그런 손가락은 당연히 힘이 없겠지. 하지만 스
케일은 다섯손가락을 다 써. 심지어는 교차되서 손가락과 손가락을 넘나들어. 이렇
게 반복 연습을 하면 너희들의 손가락은 어느새 유연해져 있을 거야.

3 톤을 잡아준다.

자 톤이라는 말이 뭐냐면 그 악기가 내는 소리야. 우리는 누구누구 피아니스트는 톤
이 좋다는 말을 해. 그런데 생각해보면 그 피아니스트가 한 음을 눌렀다고 톤이 좋
다고 하지 않아. 전체적인 결과물이야. 음과 음을 이어 치고 화성을 칠 때 그 결과물
을 우리는 톤이라고 불러. 따라서 결국 연결이 아주 중요한 거야.
다시 한번 말 할게. 피아노는 어택이 센 악기야. 그래서 주의해야 해. 왜냐면 자칫하
면 그 어택으로 인해 너의 연주가 끊어지게 들리고(여기서 그럼 페달 쓰면 되지….
라고 말하는 인간 중의 90%가 페달의 남용으로 음들이 물속에서 들리는 것과 같
이 돼) 딱딱하게 들리고 결국 곡이 이상하게 들리지…. 따라서 음과 음은 레가토로
부드럽게 이어서 치는 연습을 많이 해야 해.

4 메트로놈으로 연습을 하면 리듬감을 키워준다.

메트로놈도 못 맞추는데 어떻게 드럼과 다른 사람의 노래에 맞추겠니…….
스케일 연습은 단지 스케일 연습에서 끝나는 것이 아니야. 타임키핑을 너도 모르게
익혀가는 과정이야. 니가 비트에 맞게 치고 더 나아가서 비트 안에서 비트를 쪼갤
수 있다면 그 아무리 어려운 리듬이 나와도 안정된 연주를 할 수 있어.
그렇지. 말 그대로 리듬을 타는 거지~~~ 드랍 더 비트 소리가 나와도 안 쫄 수 있어…

여기서 또한 메트로놈을 듣는다는 건 여유가 있다는 증거야. 다른 소리들도 들을 수
있다는 거지. 따라서 메트로놈으로 정확히 그리고 천천히 연습이 잘 된다면 어디 가
서 박자 좀 맞추네, 또는 리듬감 좋네! 등등의 칭찬을 들을 거야.
결국, 스케일은 연주를 잘하기 위한 초석이야~~~
따라서 지겨워도 외로워도 슬퍼도 이겨내야 할 산이고~~~ 오케이? 오케이~~

메이저 스케일 연습 시 주의사항

키야~~~ 지금 다시 봐도 주옥같은 글이네. 어쩜 저렇게 사람이 일목요연, 오목조목 글을 잘 써? 암튼 이래서 스케일이 아주 중요한 거야. 앞으로 너희들이 칠 피아노와 음악의 초석이라고나 할까? 자 그렇다면 이제부터 어떤 것들을 주의해야 할지 알려 줄게.

1 손가락 번호

아직도 손가락 번호가 헷갈려? 참나…….

우리는 한국말 할 때 어순이나 단어를 생각하지 않아. 뇌가 생각하기 전에 입이 먼저 말을 하는 거지. 또한, 한글 읽을 때도 뇌가 읽기 전에 눈이 먼저 읽어. 하지만 우리가 태어났을 때부터 알았을까? 아니야. 그냥 시켜서 하라고 해서 하다가 보니 이 지경까지 온 거야. 음악도 똑같아. 생각할 시간이 없어. 따라서 우리가 스케일을 칠 때 손가락 번호를 생각할 여유가 없어.

이미 다 외워져 있어야 해. 여유를 가지고 천천히 치다가 보면 몸이 기억하는 날이 와. 이해할 것도 없고 그럴 시간도 없어. 그냥 치는 거야. 맘에 들 때까지.

손가락 번호를 외우는데 재능이 필요한 거 아니잖아? 그냥 꾸준히 쳐서 외우는 수밖에 없어. 아무 생각 없이 손가락이 그냥 나올 때까지 꾸준히 쳐.

2 BEAT

흔히 박자라고 우리 알고 있는 것, 박자를 잘 맞추는 것, 이것이 바로 비트를 잘 맞추는 거야. 아까도 말했지만 아무리 빠른 거치고 화려하더라도 비트가 안 맞으면 그냥 구려. 쟤 모하냐? 이런 소리 들어. 보통 뭐가 그리들 급한지 누가 뒤에서 따라오는지 무조건 빨리만 쳐. 프로들은 얘가 이해하고 치는지 막 치는지 들으면 다 알아. 왜냐하면, 다 자기가 경험했던 것들이니깐. 느린 속도에서 연습이 되어야 잔 근육들이 기억하고 늘어나서 빠르게도 잘 칠 수 있어.

빠르게 칠 수 있는데 느리게 못 치는 사람은 가짜라고 볼 수 있어. 느리게 치는 게 더 어려워.

기억해. 느리게 치는 사람은 빠르게도 칠 수 있지만 빠르게만 치는 사람은 느리게 못 친다. 메트로놈과 하나가 되어야 해. 이 메트로놈이 나중에 드럼 비트가 되고 앙상블이 되니깐. 느리게 소리를 귀로 신중하게 들으면서 연습해야 해.

3 TONE (Legato 및 고른 소리)

음악은 결국 감정을 표현하는 수단이야. 배고프거나, 입을 게 없거나, 춥거나, 잘 곳이 없으면 음악 생각은 안 나. 의식주가 해결된 다음에야 마음의 여유를 가지고 생각나는 것이 음악이야. 음악 없으면 난 죽어. 이런 애들 일주일만 굶기면 음악 말고 밥 찾아. 다 배불러서 나오는 소리야. 우리는 결국 감정을 표현하기 위해 음악을 하는 거야. 이 말은 곧 좋은 감정을 표현하려면 좋은 소리를 갖고 있어야 한다는 말과 같다고 생각해. 따라서 좋은 톤을 갖고 소리를 내는 것은 아주 중요해. 그리고 내가 그렇게 주장하던 스케일로부터 그 톤은 나와. 아니 생각을 해보면 단음도 하나 제대로 못 치는데 화음은 어떻게 칠 것이며 또 더 복잡한 소리는 어떻게 내겠어?

알겠지? 그냥 꾸준히 예쁜 소리를 찾아서 자기가 만족할 때까지 주위에서 '좋다'라는 소리가 들릴 때까지 계속 치는 거야. 장인정신을 가지고… 불행하게도 손가락은 길이와 힘이 다 달라. 사실 초보자들에게는 이 소리가 좋은지 나쁜지에 대한 기준이 없어. 그런데 잘 생각해보면 다른 사람이 치는 건 평가를 잘해. 별로다. 구리다. 붕신 같다. 이렇게….

이걸 그냥 자기 자신한테 대입시켜야 해 냉정해지란 말이다. 녹음해서 들어보고 소리가 좋은지 나쁜지를 판단하려고 노력하는 자세가 필요해. 유튜브에 보면 좋은 소리의 스케일들이 많아. 그것들을 모조리 들어보고 흉내 내 보도록 해 봐. 흔히들 세게 치면 딱딱해지고 작게 치면 자신 없게 들려. 하지만 손가락을 컨트롤 할 수 있는 톤을 가지게 되면 크게 쳐도 부드럽게 들릴 수 있고 작게 쳐도 자신감 있는 소리를 만들 수가 있어. 그러면 아무 건반이나 쳐도 고른 소리를 낼 수가 있어. 니 손가락이 건반을 컨트롤 하는 거지.

그게 가능하면 아무거나 갖다줘도 좋은 소리를 낼 수 있어.

고른 소리를 내기 위한 첫 번째 관문은 바로 '레가토Legato'야. 레가토는 끊어지지 않고 부드럽게 이어서 치는 걸 말해. 많은 학생의 소리를 들어보면 소리가 딱딱해. 소리가 나오는 구조에는 A.D.S.R이라는 게 있어. 바로 Attack, Decay, Sustain, Release라는 건데, 음을 쳤을 때의 처음 나는 소리를 어택이라고 불러. 피아노는 어택이 센 악기야. 띵 치면 띵 소리가 나오잖아.

① 처음 음을 치면 그 다음 음도 비슷한 크기와 길이로 눌러야 스케일에서 소리가 고르게 나. 소리가 점점 작아지면 에너지가 빠지는 느낌이 들어. 그리고 소리가 들쑥날쑥하면 듣기에 불편해. 울퉁불퉁한 소리가 나.

따라서 ② 고르게 이어서 일정량의 크기를 유지하도록 쳐야 해.

그리고 ③ 음이 겹치는 일도 없어야 해. 겹치면 지저분하게 들려.

특히 손가락이 교차할 때 많이들 겹치는데 이거 완전 신경 써서 깔끔한 소리를 내도록 온 신경을 다 써서 쳐야 해. 그래서 나의 학생들은 스케일 한 시간만 치면 다들 죽으려고 해. '스케일을 치면 졸리다'라는 둥 '멍하다'라는 둥 그딴 소리 하는 사람들은 100% 잘못 치고 있는 거야. 졸릴 틈이 없을 텐데… 듣다 보니 니 얘기지…? 그럼 고치셔.

위의 세 가지만 잘 지켜져도 우리는 스케일로 깔끔한 톤, 정확한 톤을 낼 수 있어. 누구나 피아노를 치면 소리가 나. 하지만 중요한 건 그 소리가 좋은 소리냐? 별로 거나 구린 소리냐? 이 차이야. 누가 들어도 좋은 소리를 내는 것이 가장 중요해.

자! 다시 이를 꽉 물고 좋은 소리를 찾아서 떠나 볼까?.

여기엔 또다시 재능이 필요 없고 그냥 무조건 노력이야.

안 되면 되게 하라는 말 난 100% 믿어. 왜냐하면 사실이니깐.

WEEK 03

마이너 스케일

마이너 스케일의 종류에 대해 배우고
역시 싹 다 외운다.

자!! 이번에는 마이너 스케일이야.

사실 이건 나중에 해도 되는데 그냥 한 김에 연습 한번 해보도록 하자. 시간 많잖아, 우리.

음 일단 메이저와 마이너, 이 두 가지는 우리가 귀로 구분을 할 줄 알아야 해. 쉽게 이렇게 생각해보도록 하자. 메이저는 밝고 마이너는 어둡다. 이게 사실 깊이 들어가면 정답은 아니지만 그래도 그냥 개념을 먼저 심어야 하니 우린 그렇게 이분법으로 단순하게 생각하기로 해. 장음계와 단음계. 반대되는 개념이야.

슬프게도 마이너엔 3가지의 스케일이 또 존재해. (사실 재즈에서는 더 많아) 뭐 이론상으로는 종지를 강화하기 위해 임시표를 사용하다가 기본형에서 6과 7음이 변형된 음계가 형성되어서 2개가 더 생겼다고 하는데 도대체가 무슨 소린지 모르겠지?

사실 몰라도 돼. 모를 땐 그냥 무식하게 외우면 돼. 다행히 이 3개의 마이너 스케일들은 소리가 확실히 다 달라서 우린 쉽게 외울 수 있어. 메이저 스케일 때와 마찬가지로 한 키의 스케일을 죽어라 듣고 소리를 외우면 돼. 결국 하고 나면 다 비슷해….

그리고 사실 이거 우리 초등학교 때 다 배운 거야. 하지만 실제로 쳐 보는 건 또 다른 일이니깐 한번 실전에 돌입해볼까? 외우고 또 외우고 또 외워야 해. 무조건 머릿속에 넣는 게 바로 기본이야. 딴 거 없다. 그냥 이쯤 되면 외우는 걸 즐기자~

근데 사실 뭐 진짜 급한 고구미라면 그냥 이 챕터는 넘어갔다가 나중에 필요할 때 다시 돌아와도 돼. 어차피 우리는 마이너 스케일을 이것 말고도 또 외울 거거든ㅋㅋㅋ

따라서 이 챕터는 가볍게 그냥 넘어갈게.

한숨만 나오지? 원래 예술이라는 게 이런 거야. 장인정신으로 보장도 없는 깜깜한 미래를 바라보며 버티고 버티는 거….

자연 단음계 Natural Minor

첫 번째로 '자연단음계Natural Minor'라는 스케일이 있어. 이 자연단음계는 나중에 우리가 솔로를 위해 모드를 배울 때 '에올리안Aeolian'이라는 스케일과 똑같이 생겼어. 실제로 재즈에서도 많이 쓰여.

메이저 스케일과 다른 점은 3음, 6음, 7음이 ♭이 되어 있다는 점이야.

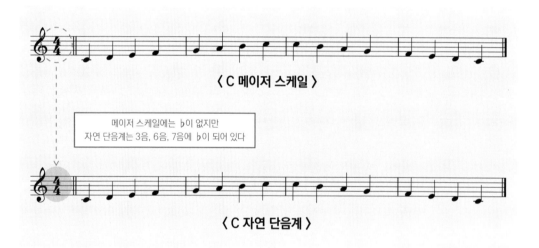

〈 C 메이저 스케일 〉

메이저 스케일에는 ♭이 없지만
자연 단음계는 3음, 6음, 7음에 ♭이 되어 있다

〈 C 자연 단음계 〉

자연 단음계 12 key

C

R.H 1 2 3/ 1   2 3 4 5   5 4 3 2   1/ 3 2 1

L.H 5 4 3 2   1/ 3 2 1   1 2 3/ 1   2 3 4 5

F

R.H 1 2 3 4/   1 2 3 4   4 3 2 1/   4 3 2 1

L.H 5 4 3 2   1/ 3 2 1   1 2 3/ 1   2 3 4 5

Bb

R.H 2 1 2 3/   1 2 3 4   4 3 2 1/   3 2 1 2

L.H 2 1 3 2   1/ 4 3 2   2 3 4/ 1   2 3 1 2

Eb

R.H 2 1 2 3   4/ 1 2 3   3 2 1/ 4   3 2 1 2

L.H 2 1 4 3   2 1/ 3 2   2 3/ 1 2   3 4 1 2

Ab

R.H 2 3 1 2 3/ 1 2 3 3 2 1/ 3 2 1 3 2
L.H 3 2 1/ 3 2 1/ 3 2 2 3/ 1 2 3/ 1 2 3

Db

R.H 2 3 1 2 3/ 1 2 3 3 2 1/ 3 2 1 3 2
L.H 3 2 1/ 4 3 2 1 2 2 1 2 3 4/ 1 2 3

F#

R.H 2 3 1 2 3/ 1 2 3 3 2 1/ 3 2 1 3 2
L.H 4 3 2 1/ 3 2 1 2 2 1 2 3/ 1 2 3 4

B

R.H 1 2 3/ 1 2 3 4 5 5 4 3 2 1/ 3 2 1
L.H 4 3 2 1/ 3 2 1 2 2 1 2 3/ 1 2 3 4

E

R.H 1 2 3/ 1 2 3 4 5 5 4 3 2 1/ 3 2 1
L.H 5 4 3 2 1/ 3 2 1 1 2 3/ 1 2 3 4 5

A

R.H 1 2 3/ 1 2 3 4 5 5 4 3 2 1/ 3 2 1
L.H 5 4 3 2 1/ 3 2 1 1 2 3/ 1 2 3 4 5

D

R.H 1 2 3/ 1 2 3 4 5 5 4 3 2 1/ 3 2 1
L.H 5 4 3 2 1/ 3 2 1 1 2 3/ 1 2 3 4 5

G

R.H 1 2 3/ 1 2 3 4 5 5 4 3 2 1/ 3 2 1
L.H 5 4 3 2 1/ 3 2 1 1 2 3/ 1 2 3 4 5

화성 단음계 Harmonic Minor

이 스케일의 소리는 참 매력적이야.

영어로는 'Harmonic Minor'라고 불러. 아라비안나이트 같은 느낌도 나고.

3음, 6음이 ♭ 되어있고 특이하게 7음이 ♭ 이 안 되어있어.

자연단음계에서 파생된 마이너 스케일이래. 7음과 8음을 반음 관계로 만들어서 음이 진행할 때 부드럽고 해결된 느낌을 준다고 하는 데 한 번 느껴봐.

7음에 ♭이 사라지면서 7음(시)과 8음(도)이
반음관계가 되었어

화성 단음계 12 key

C

R.H   1   2   3/   1   2   3   4   5   5   4   3   2   1/   3   2   1

L.H   5   4   3   2   1/   3   2   1   1   2   3/   1   2   3   4   5

F

R.H   1   2   3   4/   1   2   3   4   4   3   2   1/   4   3   2   1

L.H   5   4   3   2   1/   3   2   1   1   2   3/   1   2   3   4   5

Bb

R.H   2   1   2   3/   1   2   3   4   4   3   2   1/   3   2   1   2

L.H   2   1   3   2   1/   4   3   2   2   3   4/   1   2   3   1   2

Eb

R.H   2   1   2   3   4/   1   2   3   3   2   1/   4   3   2   1   2

L.H   2   1   4   3   2   1/   3   2   2   3/   1   2   3   4   1   2

Ab

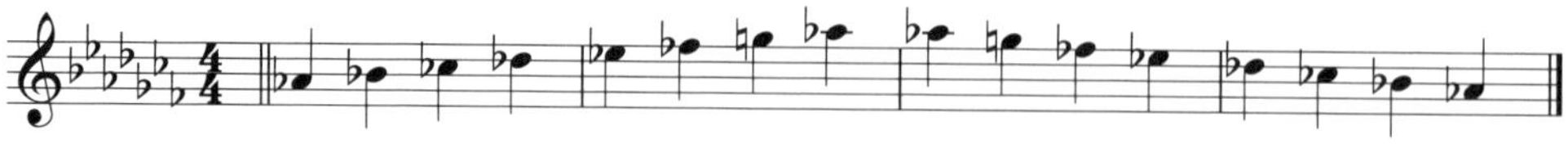

R.H 2 3 1 2 3/ 1 2 3 3 2 1/ 3 2 1 3 2

L.H 3 2 1/ 3 2 1/ 3 2 2 3/ 1 2 3/ 1 2 3

Db

R.H 2 3 1 2 3/ 1 2 3 3 2 1/ 3 2 1 3 2

L.H 3 2 1/ 4 3 2 1 2 2 1 2 3 4/ 1 2 3

F#

R.H 2 3 1 2 3/ 1 2 3 3 2 1/ 3 2 1 3 2

L.H 4 3 2 1/ 3 2 1 2 2 1 2 3/ 1 2 3 4

B

R.H 1 2 3/ 1 2 3 4 5 5 4 3 2 1/ 3 2 1

L.H 4 3 2 1/ 3 2 1 2 2 1 2 3/ 1 2 3 4

E

R.H 1 2 3/ 1 2 3 4 5 5 4 3 2 1/ 3 2 1
L.H 5 4 3 2 1/ 3 2 1 1 2 3/ 1 2 3 4 5

A

R.H 1 2 3/ 1 2 3 4 5 5 4 3 2 1/ 3 2 1
L.H 5 4 3 2 1/ 3 2 1 1 2 3/ 1 2 3 4 5

D

R.H 1 2 3/ 1 2 3 4 5 5 4 3 2 1/ 3 2 1
L.H 5 4 3 2 1/ 3 2 1 1 2 3/ 1 2 3 4 5

G

R.H 1 2 3/ 1 2 3 4 5 5 4 3 2 1/ 3 2 1
L.H 5 4 3 2 1/ 3 2 1 1 2 3/ 1 2 3 4 5

가락단음계 Melodic Minor

영어로는 'Melodic Minor'라고 불러. 상행할 땐 3음만 ♭이 돼.

굳이??? 왜??? 이유인즉슨 화성단음계에서 6음을 반음 올려주면서 증2도라는 관계
가 해결되면서 안정적인 음으로 돌아 온대ㅋㅋㅋㅋㅋㅋㅋ 근데 또 하행할 때는 3음, 6음,
7음이 ♭이 되는데 이끔음Leading Tone(1도로 가기 위한 바로 전 단계 음인 7음을 말해)
을 해결해 줄 필요가 없다나 뭐라나…. 제기랄, 몰라도 돼.

뭐 사실 이것들은 클래식에서 엄격히 지켜져야 하고 재즈에서는 원하는 대로 막 치시
면 돼. 재즈는 자유로운 음악이라잖아. 물론 거기엔 듣기 좋아야 한다는 연주자에게
부담 팍팍 주는 조건이 붙어. 명심해ㅋㅋㅋ

결국 재즈는 자유로운 음악이 아니야. 자유롭기 위해 해야 할 게 산더미처럼 쌓인 음악
이야. 생각해보니 그래서 매력적인 것인가? 뭐 알아서 판단하고. 난 내가 알아서 할게.

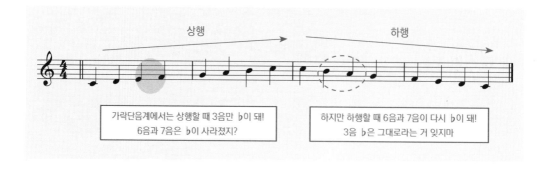

가락단음계에서는 상행할 때 3음만 ♭이 돼!
6음과 7음은 ♭이 사라졌지?

하지만 하행할 때 6음과 7음이 다시 ♭이 돼!
3음 ♭은 그대로라는 거 잊지마

가락 단음계 12 key

C

| R.H | 1 | 2 | 3/ | 1 | | 2 | 3 | 4 | 5 | 5 | 4 | 3 | 2 | | 1/ | 3 | 2 | 1 |
| L.H | 5 | 4 | 3 | 2 | | 1/ | 3 | 2 | 1 | 1 | 2 | 3/ | 1 | | 2 | 3 | 4 | 5 |

F

| R.H | 1 | 2 | 3 | 4/ | 1 | 2 | 3 | 4 | 4 | 3 | 2 | 1/ | 4 | 3 | 2 | 1 |
| L.H | 5 | 4 | 3 | 2 | 1/ | 3 | 2 | 1 | 1 | 2 | 3/ | 1 | 2 | 3 | 4 | 5 |

B♭

| R.H | 2 | 1 | 2 | 3/ | 1 | 2 | 3 | 4 | 4 | 3 | 2 | 1/ | 3 | 2 | 1 | 2 |
| L.H | 2 | 1 | 3 | 2 | 1/ | 4 | 3 | 2 | 2 | 3 | 4/ | 1 | 2 | 3 | 1 | 2 |

E♭

| R.H | 2 | 1 | 2 | 3 | 4/ | 1 | 2 | 3 | 3 | 2 | 1/ | 4 | 3 | 2 | 1 | 2 |
| L.H | 2 | 1 | 4 | 3 | 2 | 1/ | 3 | 2 | 2 | 3/ | 1 | 2 | 3 | 4 | 1 | 2 |

Ab

| R.H | 2 | 3 | 1 | 2 | 3/ | 1 | 2 | 3 | 3 | 2 | 1/ | 3 | 2 | 1 | 3 | 2 |
| L.H | 3 | 2 | 1/ | 3 | 2 | 1/ | 3 | 2 | 2 | 3/ | 1 | 2 | 3/ | 1 | 2 | 3 |

Db

| R.H | 2 | 3 | 1 | 2 | 3/ | 1 | 2 | 3 | 3 | 2 | 1/ | 3 | 2 | 1 | 3 | 2 |
| L.H | 3 | 2 | 1/ | 4 | 3 | 2 | 1 | 2 | 2 | 1 | 2 | 3 | 4/ | 1 | 2 | 3 |

F#

| R.H | 2 | 3 | 1 | 2 | 3/ | 1 | 2 | 3 | 3 | 2 | 1/ | 3 | 2 | 1 | 3 | 2 |
| L.H | 4 | 3 | 2 | 1/ | 3 | 2 | 1 | 2 | 2 | 1 | 2 | 3/ | 1 | 2 | 3 | 4 |

B

| R.H | 1 | 2 | 3/ | 1 | 2 | 3 | 4 | 5 | 5 | 4 | 3 | 2 | 1/ | 3 | 2 | 1 |
| L.H | 4 | 3 | 2 | 1/ | 3 | 2 | 1 | 2 | 2 | 1 | 2 | 3/ | 1 | 2 | 3 | 4 |

E

R.H 1 2 3/ 1 2 3 4 5 5 4 3 2 1/ 3 2 1

L.H 5 4 3 2 1/ 3 2 1 1 2 3/ 1 2 3 4 5

A

R.H 1 2 3/ 1 2 3 4 5 5 4 3 2 1/ 3 2 1

L.H 5 4 3 2 1/ 3 2 1 1 2 3/ 1 2 3 4 5

D

R.H 1 2 3/ 1 2 3 4 5 5 4 3 2 1/ 3 2 1

L.H 5 4 3 2 1/ 3 2 1 1 2 3/ 1 2 3 4 5

G

R.H 1 2 3/ 1 2 3 4 5 5 4 3 2 1/ 3 2 1

L.H 5 4 3 2 1/ 3 2 1 1 2 3/ 1 2 3 4 5

사실 이것들을 외웠다고 우리는 곧바로 피아노를 잘 치지 못해. 하지만 외우면 언젠 가는 꼭 써먹는 날이 와. 재료를 더 갖고 있다고 생각하면 돼. 그리고 외우는데 습관을 들여야 해. 솔로 연주는 모두 머릿속에서 나오는 거거든. 정확히 아는 만큼 연주로 나온다. 그러려면 머릿속에 많은 패턴과 단어들을 넣어 놓고 있어야겠지? 참고해.

쫄지 마!!!! 그냥 하면 돼. 그냥 음을 하나하나 즐기려는 노력이 필요해.
우리는 그래도 메이저와 마이너 스케일을 12 key로 이제 다 칠 수 있다는 자신감이 생겼쟈나. 나만 생겼나……?
다시 한번 말한다. 한 달이 걸려도 좋고 두 달이 걸려도 좋아. 무조건 외워!!!

WEEK 04

3화음과 자리바꿈

3화음의 종류와 자리바꿈의 중요성에 대해 배우고
싹 다 외운다.

3화음의 종류 Triad

우리는 여태까지 단음, 즉 메이저와 마이너 스케일들을 12 key로 다 외웠어. 키야~
대단하다. 잘 버텼어. 근데 이제 걸음마 뗀 거야. ㅜㅜ 그래도 쭈욱 하쟈. 하다보면 웃
을 날이 오겠지.

처음에 잠깐 언급했었던 주요 3화음 기억나? 이제부터 우리는 드디어 화음을 쳐 볼
거야. 요즘 유튜브를 보면 코드 안 외우고 치는 법, 코드 이해하는 법 등 다양한 영상
이 있어. 하지만 감히 말한다면 코드는 이해해서 칠 수가 없어!! 또한, 안 외우고 칠 수
도 없어. 그 말은 마치 ㄱ, ㄴ, ㄷ, ㄹ 모르고 한글을 읽겠다는 것과 같은 이치라고 난
생각해. 왜냐고? 음악은 요이 땅 하면 시작되는 시간의 예술인데 머릿속으로 무슨 코
드인지 언제 생각하고 언제 또 손으로 쳐? 그렇게 되면 레이턴시Latency라고 부르는
딜레이가 생겨. 따라서 익숙해지고 편안해질 때까지 반복 학습을 통해 외워야 해. 곡
이 시작되면 생각할 시간 없어. 우리는 또다시 외울 거야….
근데 억지로 외우려고는 하지 마! 좋아서 하는 거니깐 편하게 즐겨. 과정을….
말은 참 쉽다 그치? 결국 외우는 건 너희들인데ㅋㅋㅋㅋ

자 일단 C key를 예로 들어볼게. C 메이저 스케일 이젠 껌이지?
이제부터 우리는 '도 레 미 파 솔 라 시 도'라고 불렀던 각각의 계이름에 숫자를 넣을 거
야.

도 / C	레 / D	미 / E	파 / F	솔 / G	라 / A	시 / B	도 / C
1	2	3	4	5	6	7	8

사실 재즈피아니스트들은 다 숫자로 생각을 해. 따라서 전조할 때 편하게 할 수가 있어. 습관을 들이면 계이름보다 숫자가 더 편해져. 앞으로 나올 텐션들도 모조리 다 숫자거든.

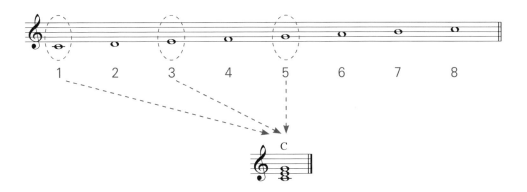

메이저 스케일이 있듯이 코드에도 메이저 코드가 있어.

3화음은 영어로 Triad라고 불러.

스케일에서 1음, 3음, 5음을 빼서 한 번에 치면 바로 C 메이저 코드의 소리가 나.

한 번 눌러 봐. 오~~ 별거 아닌데 신기하지?

대화

고구미   선생님. 마치 모짜르트가 된 것 같아요.

나   또 또 또 개소리한다.

① Major Chord : 메이저 코드

화성학책을 보면 뭐 1음에서 3음이 장3도, 5음이 단 3도 이렇게 두 개의 조건을 갖춘 화음이 메이저 코드다, 이렇게 설명을 하는데 생각해 보자. 곡이 연주되고 있는데 이런 거 생각할 시간이 어딨어? 따라서 우리는 그냥 외워야 해!!! 어쩔 수 없다.

메이저 코드는 메이저 스케일의 1음, 3음, 5음만 한 번에 치는 거야.

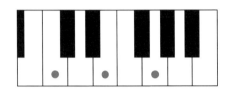 

표기는 C MAJOR, CM, C, C△ 이렇게 해.

네 개 중 아무거나 편하게 쓰면 돼.

메이저 코드 12 key

② Minor Chord : 마이너 코드

자 쉬워. 우리 훨씬 복잡한 마이너 스케일도 다 외웠잖아.

이건 뭐 그냥 한 번에 치는 것으로 생각하면 돼.

똑같이 1음, 3음, 5음을 칠 거야. 그런데 이번엔 3음을 반음 내려보자….

쳐보면 메이저보다 어두운 소리가 나지?

이게 바로 마이너 코드란다. 매력적이지?

표기는 Cm, C- 로 해.

마이너 코드 12 key

③ Suspended 4th Chord : 서스포 코드

서스펜드의 뜻은 걸쳐 있다는 뜻이야. 뭐가? 4음이 걸쳐 있다. 따라서 코드 톤(코드를 구성하는 음)은 1음, 4음, 5음이 돼… 그렇다면 이 아이는 왜 쓰나? 똑같은 코드가 2 마디 이상 지속 되면 지겹겠지? 그럴 때 서스포 코드를 써주면 일단 분위기가 전환돼. 불안한 느낌과 묘한 느낌이 있는 코드인데 이 불안함을 해결하기 위해 4음은 3음으로 해결하려는 성질이 있어. 그렇대. 블랙 가스펠이나 모던 재즈에서 많이 쓰이는 하이브리드 코드들 대부분이 이 서스포 코드야. 방향성이 없어서 어디로든지 진행 할 수 있어.

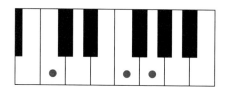 

표기는 C sus4 로 해.

서스포 코드 12 key

④ Augmented Chord : 어그먼티드 코드

어그먼티드는 '증가된'이라는 뜻이야.

따라서 1음, 3음, 5음 중 하나가 반음 올라가겠지?

바로 5음이 반음 올라가.

얘도 가만히 들어보면 어딘가 불안한 코드야. 쳐봐 한 번.

반음 올라간 5음(#5)은 6음으로 가려는 성질이 있어.

많은 곡을 들어보면 실제로 어그먼티드 코드는 그 키의 4도나 6음으로 진행해.

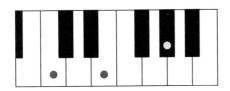 

표기는 C Aug, C+ 로 하지.

어그먼티드 코드 12 key

⑤ Diminished Chord : 디미니쉬드 코드

디미니쉬드의 뜻은 '줄어든다' 야. (영어 공부시간인가…. 그래도 뜻은 알아야지) 아까
배웠던 어그먼티드의 반대되는 개념이야. 줄어드니 ♭이 되는 거겠지?

근데 얘는 좀 많이 줄어들어.

마이너가 3음만 ♭이 되었다면 이 친구는 거기에 5음까지 ♭를 시켜줘. 소리 여전히
불안하지? 그런데 이 소리가 연결되면 참 매력적인 사운드로 변해.

암튼 나중 얘기고 일단 이 아이를 쳐볼까?

코드의 구성음은 1음, ♭3음, ♭5음, 이렇게 돼.

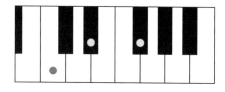 

먼가 복잡해 보이지? 근데 알고 나면 뭐 아무것도 아니야.

표기는 C°, C dim.으로 해.

디미니쉬드 코드 12 key

자!! C key에서는 이렇게 5개의 3화음이 존재해. 그렇다면 이 말은 나머지 11개의 key가 너를 기다리고 있다는 소리야. 깜깜하지? 괜찮아. 처음엔 다 그래.

코드	기보	도수
메이저 (Major)	코드이름, M, △	1 3 5
마이너 (Minor)	m, −	1 ♭3 5
디미니쉬 (Diminished)	dim, °	1 ♭3 ♭5
어그먼트 (Augment)	aug, +	1 3 #5
서스포 (Sus4)	sus4, sus, 4	1 4 5

아무 생각 없이 기계처럼 나와야 해. 다시 한번 말하지만 생각할 시간 없다. 한 번에 깔끔하게 눌려야 해. 또한, 세 개의 음이 정확하게 들려야 해. 양손으로 연습해. 처음엔 한 손으로 하다가 눈에 어느 정도 들어온다 싶으면 양손으로 도전해. 기억해! 여전히 소리는 기계처럼 한 번 깔끔하고 정확하게 들려야 한다.

이렇게 우린 12 key로 3화음을 또 외웠어. 키야… 하나하나씩 퍼즐을 맞춰가고 있구나. 센스가 있는 고구미들은 아마 이걸로 이미 곡을 치고 있을 수도 있어. 하지만 뭐 아직 못 쳐도 상관없어!! 우리 처음 기타 배울 때 코드 몇 개 외워서 대충 쳐서 반주 하잖아.

피아노도 똑같아. 어렵게 생각하지 말고 그냥 편하게 쳐 봐. 화성은 그렇게 느끼는 거야. 첫 박만 잘 쳐도 음악이 돼. 두려워하지 말고 한 번 해봐.

인터넷에 들어가서 치고 싶은 곡 악보를 검색하고 거기에 나온 코드들을 한 번 곡에 맞춰서 쳐 봐. 또 다른 재미가 있잖아. 이렇게 만들어가는 재미를 찾아가고 결국 그렇게 느는 거야.

3화음 코드 12 key

자리바꿈 Inversion

우리가 여태껏 쳤던 3화음은 바로 기본형basic이라는 형태야.

자 우리 이제 3화음도 다 외웠겠다 3화음으로 음악 좀 해볼까?

그대여 아무 걱정하지 말아요. 결국 우리가 다 배운 코드야. 도전해 봐.

앗 참 '그대여 아무 걱정하지 말아요'라는 곡을 칠 건 아니야.

하지만 충분히 칠 수 있어ㅋㅋㅋ 안 되는 게 어딨어?

재즈에서 많이 쓰이는 진행 중에 '1-6-2-5'라는 진행이 있어.

C key에서 1은 C, 6은 A, 2는 D, 5는 G 쉽지? 그런데 여기서 C key에는 검은 건반이 아무것도 안 붙으니 C는 C 메이저 코드, A는 A 마이너 코드, D는 D 마이너 코드, G는 메이저 코드를 치면 되겠지? 혹시나 A는 그냥 A 메이저를 쳐도 되고 D는 그냥 D 메이저 코드를 쳐도 돼. 2-5-1 진행에서 5가 도미넌트 코드이고 2가 마이너 코드인데 2가 도미넌트가 되어도 상관없어. 그럼 CM - Am - D7 - G7으로 도미넌트가 두 번 반복되지? 이걸 '더블 도미넌트'라고 해. 물론 더 복잡하게 치려면 한도 끝도 없지만, 또 못 칠 것도 없잖아. 우리가 아는 선에서 어떻게든 음악적으로 만들려고 노력을 해야 해. 사실 잘 치면 3화음만 쳐도 멋지게 들리게 만들 수 있어. 대신 감정을 잘 표현해야 해. 뭐 알아서 하시고, 자!! 시작해 볼게.

우선 기본형으로 이 4개의 코드를 쳐 보도록 하쟈.

〈 1-6-2-5 기본형 삼화음 〉

듣기는 좋은데 그럼 이번에는 이렇게 한 번 쳐볼까? 물론 똑같은 음으로 칠 꺼야. 하지만 배열은 다르게 해보자. (이것도 나중에 나오는 건데 이렇게 배열을 다르게 만드는 것을 바로 보이싱Voicing이라고 불러. 보이싱은 바로 음의 배열이야)

① 도를 코드의 가장 높은 음으로 쳐 보자.

② 미를 코드의 가장 높은 음으로 쳐 보자.

③ 솔을 코드의 가장 높은 음으로 쳐 보자.

자 이렇게 세 가지의 형태로 바뀔 수 있어. 눈치가 빠른 고구미는 느꼈겠지만 이 세 가지는 바로 C의 코드 톤이야. 코드에서 가장 높은 음을 탑노트Top Note라고 부르지. 그리고 사람의 귀에는 이 탑노트가 들려. 흔히 소프라노라고 부르지?

이렇게 탑 노트의 음폭을 줄이면, 안정적인 소리가 나. 코드를 칠 때 코드 간의 움직임이 줄어들기 때문에 손이 편해져. 그리고 이것을 바로 자리바꿈Inversion이라고 불러.

3화음은 음이 3개야. 따라서 코드마다 세 가지의 형태Form를 가지고 있어.
그리고 이러한 음의 배열, 즉 보이싱Voicing은 아래에서부터 위로 읽어.
우선 C 메이저 코드의 자리바꿈을 본다면 아래의 표와 같아.

기본형	첫 번째 자리바꿈	두 번째 자리바꿈
5 솔 3 미 1 도	1 도 5 솔 3 미	3 미 1 도 5 솔

자리바꿈을 잘 사용하면 코드를 칠 때 좀 더 부드러운 진행감을 만들 수 있어.
따라서 우리는 자리바꿈을 연습해야 해. 3화음은 음이 세 개이기 때문에 우선 아르페지오로 칠 때 셋잇단 음표로 12 key의 메이저, 마이너를 연습해보도록 하쟈.

메이저 3화음 자리바꿈 12 key

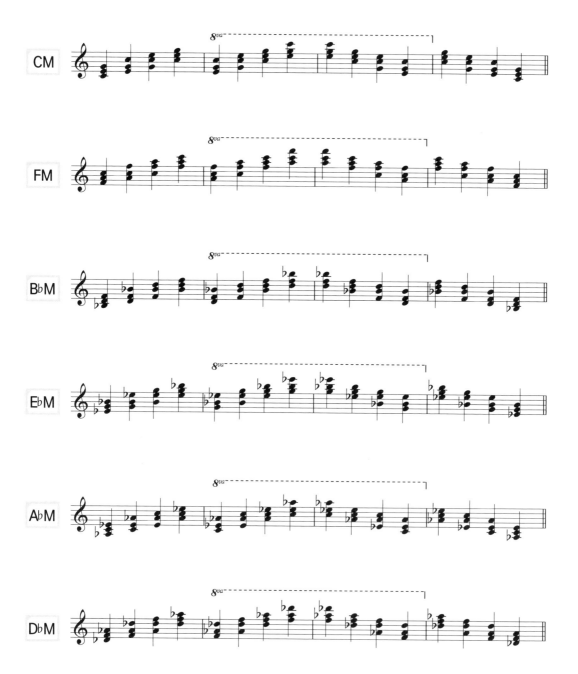

메이저 셋잇단 자리바꿈 12 key

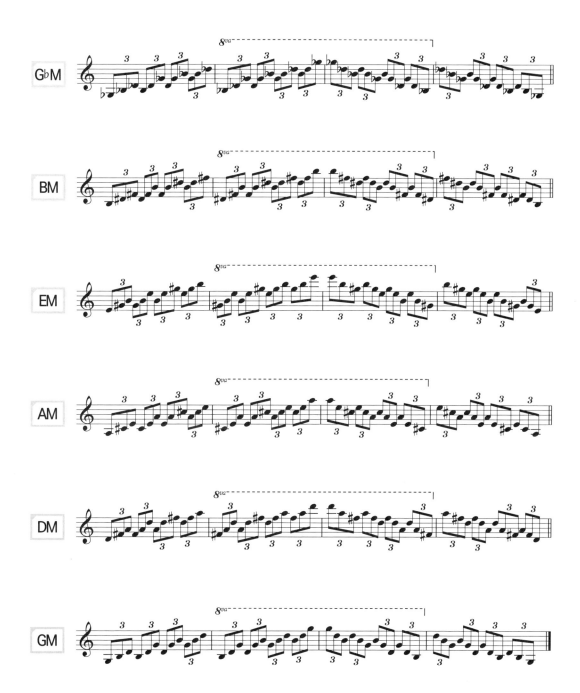

마이너 3화음 자리바꿈 12 key

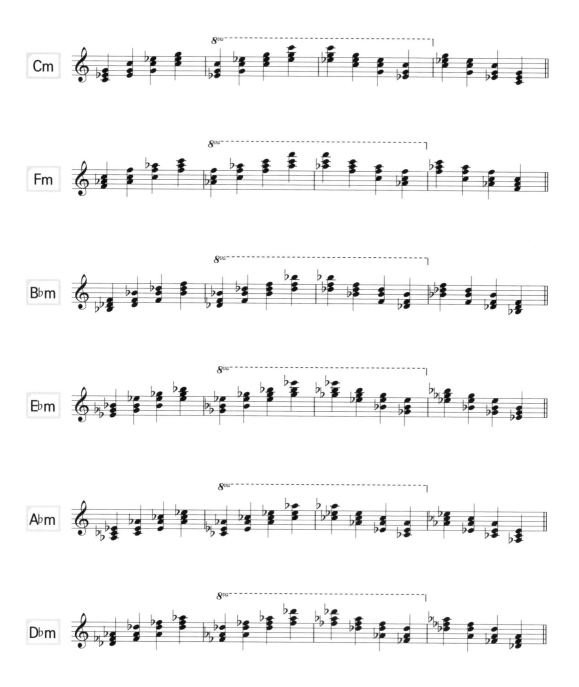

마이너 셋잇단 자리바꿈 12 key

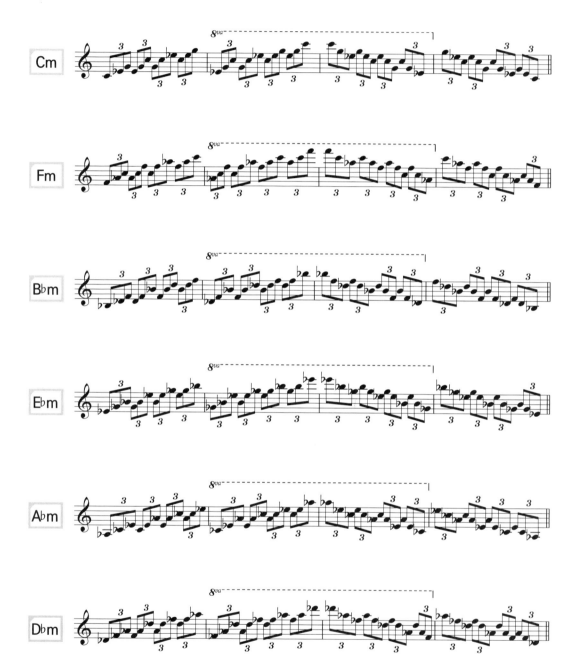

3화음의 정리

▶▶▶ 스케일에서 첫 번째, 세 번째, 다섯 번째 음을 한꺼번에 친 화음을
3화음이라고 한다.

▶▶▶ 이렇게 5개의 3화음이 12 key로 존재한다.

Major (1, 3, 5)

Minor (1, ♭3, 5)

Sus4 (1, 4, 5)

Augmented (1, 3, #5)

Diminished (1, ♭3, ♭5)

▶▶▶ 부드럽고 자연스러운 연주를 위하여 자리바꿈을 사용한다.

▶▶▶ 자리바꿈은 셋잇단 음표를 사용하여 아르페지오로 연습 할 수 있다.
또한 화음으로도 연습이 되어야 한다. 결국 아무 생각 없이 어떤 템포에서
든지 자유롭게 나올때까지 쳐야 한다.

7th 코드와 자리바꿈

4화음의 종류와 자리바꿈의 중요성에 대해 배우고
싹 다 외운다.

7th 코드의 종류 7th Chord

3화음 외우고 나니깐 아무것도 아니지? 잘 하고 있어!!

자 이번엔 조금 더 복잡한 코드를 배워볼까 해. 바로 7th 코드라는 거야.

우리말로 하면 4화음이라는 건데 아마 네 개의 음을 눌러서 그런 거 같아.

자 그럼 무엇을 어떻게 누르는지 알아볼까?

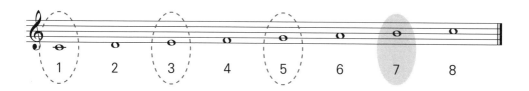

바로 스케일 음에서 일곱 번째 음을 누르는 거야. 일곱 번째 음은 근음Root의 반음 아래겠지? 자 그럼 우리 한번 생각이라는 걸 다시 해보자. 도대체 왜 3화음으로도 충분한데 머리 아프게 이걸 왜 치느냐? 음악이란 건 앞서 말했듯이 감정의 표현이야. 감정에는 기쁜 감정도 있고 슬픈 감정도 있잖아. 그리고 그 중간 어딘가에 아련한 감정이라는 것도 있어. 맞아. 미묘해.

자 밝은 감정의 3화음을 한번 눌러 보도록 할게.

마냥 밝아. 자 이번엔 '메이저 세븐'이라고 불리는 이 코드를 한 번 쳐봐 봐.

자 어때? 예민한 고구미들은 이미 눈치챘을 거야. 바로 메이저 세븐이 존재하는 이유는 아련함이야. 단순히 화려하고 복잡하게 코드를 치기 위함보단 이 아련함을 표현하기 위해 존재하는 것이 아닐까 하는 생각을 해봤어. 너희도 그렇지? 이런 걸 한 번 몸으로 직접 느끼고 코드를 배우면 조금 더 와 닿을 것 같아. 뭔지도 모르고 치는 건 좀 그렇잖아.

자 그럼 우리 이제부터 본격적으로 7th 코드가 무엇이고 어떤 것들이 있는지 알아보자.

① 메이저 세븐 코드 Major 7th Chord

자 처음에 말한 대로 3화음 위에 메이저 스케일에서 일곱 번째 음을 더 치는 거야.

그렇게 네 개를 누르는 거야. 거봐!! 스케일을 외워 놓으니깐 참 편하지?

언능 편하다고 말해줘…….

악보와 피아노 그림으로 한 번 볼까?

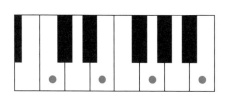 

자 이렇게 생겼어. 우리 이미 한번 쳤었지? 소리를 기억해. 아련한 소리~~

코드 톤은 1음, 3음, 5음, 7음이야.

표기는 CM7, CMajor7, C△7 이렇게 해.

메이저 7th 12 key

② 마이너 세븐 코드 Minor 7th Chord

마이너 7th 코드는 메이저에서 3음과 7음이 ♭이 돼.

코드 톤은 1음, ♭3음, 5음, ♭7음이야.

3화음의 마이너도 소리가 깔끔하고 좋지만, ♭7을 첨가해주면 좀 더 풍성하고 세련된 감정을 표현할 수 있어. 그렇다고 '무조건 마이너는 7th를 넣어야 해.' 이 말은 또 아니야. 곡의 분위기에 따라 때로는 3화음이 더 예쁘게 들리는 경우가 있으니 알아서 센스 있게 잘 사용하는 것이 바로 능력이야.

능력을 발휘하기 위한 재료를 우리는 지금 다듬고 있는 거야.

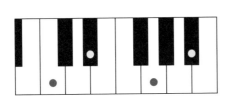 

표기는 Cm7, C-7 이렇게 해.

마이너 7th 12 key

③ 도미넌트 세븐 코드 Dominant 7th Chord

자 새로운 놈이 하나 생겼어. 도미넌트??? 도대체 뭐지? '지배하다'라는 뜻인데….
도대체 음악에서 뭘 지배하길래 도미넌트라는 이름을 쓸까?

나중에 보면 이 도미넌트 코드들이 진짜 강력하게 음악의 색깔을 표현하는데 엄청난 역할들을 해.

도미넌트 세븐이라고 불러. 우리말로 하면 딸림화음인데 이게 뭐가 딸려서 그렇게 부르는 게 아니야. 사실 음악에서 으뜸화음, 딸림화음, 버금 딸림화음 이렇게 3개가 가장 중요한 화음이지. 이 코드는 메이저 코드에서 일곱 번째 음만 ♭을 시켜줘.

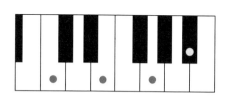 

한 번 쳐 볼까? 뭔가 불안하지 않아?

이 코드는 그래서 4도로 해결하려는 성질을 갖고 있어.

그니깐 C 세븐 코드 다음으로 C의 4도인 F 메이저 코드를 많이 써.

항상 그런 건 아니지만 대부분 그렇게 해. 그리고 우리는 이 코드를 부를 때 도미넌트를 빼고 그냥 C 세븐이라고 불러.

표기는 C7, 이렇게 해.

초보자들이 흔히 메이저 세븐과 도미넌트 세븐을 헷갈리는 경우(CM7 ≠ C7)가 많은데 색깔이 전혀 다른 애들이니 신경 써서 쳐야 해.

도미넌트 7th 12 key

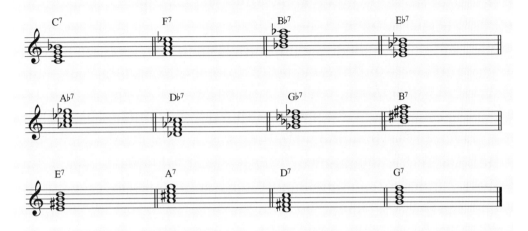

④ 디미니쉬드 세븐 코드 Diminished 7th Chord

자 이거이거 복잡한 코드야. 하지만 완전 매력적인 코드지.

3화음 때랑 마찬가지로 감화음인데 일곱 번째 음을 두 번 ♭ 시켜줘.

영어로는 'Double Flat'이라고 불려. b이나 #은 두 개까지 붙일 수가 있어.

♭♭7 이렇게 써. 그래서 C key에서 7음이 시라면 한번 ♭이 되면 ♭시, 다시 한 번 ♭이 되면 ♭♭시인데 실제 음은 바로 '라'가 돼.

따라서 디미니쉬드 세븐 코드는 12 key, 각 스케일의 1, ♭3, ♭5, ♭♭7음이야.

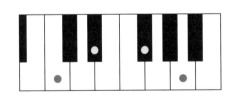

표기는 Cdim7, C°7 이렇게 해.

디미니쉬드 코드의 구성음은 모두 단3도야. 음정에는 장3도와 단3도가 있어. 예를 들면 도에서 미는 장3도, 도에서 미b은 단3도야. 장3도보다 단3도가 음의 간격이 가깝지? 따라서 디미니쉬드Diminished(줄이다)라는 이름이 붙은 거야.

여기서 우리는 단3도이기 때문에 감사할 일이 생겨.

왜냐하면 12 key로 외울 필요가 없거든. 3가지의 타입만 외우면 기냥 디미니쉬드 코드를 칠 수 있어. 바로 C 디미니쉬드 코드, C# 디미니쉬드 코드, D 디미니쉬드 코드만 외우면 되는 거 기억해. 음들의 인터벌Interval이 단3도이기 때문에 C 디미니쉬드는 Eb 디미니쉬드 코드와 같고 F# 디미니쉬드와 같고 A 디미니쉬드와 같아.

그렇지. 같은 코드 톤으로 근음만 바꿔주면 다 똑같은 코드라는 말이기도 해.

① C = Eb = Gb = A

② C# = E = G = Bb

③ D = F = Ab = B

자 이렇게 3개만 외우면 12 key가 끝나버려. 참 편하지잉?

디미니쉬드 7th 12 key

⑤ 하프 디미니쉬드 세븐 코드 Half Diminished 7th Chord

이 녀석은 이름이 일단 길어. 하프 디미니쉬드. 반만 줄었다? 알아볼까? 하프 디미니 쉬드를 한 번 쳐볼게. 얘도 잘 들어보면 뭔가 너무 불안한 소리를 들려줘.

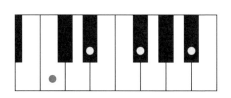 

이 코드의 구성음은 1, ♭3, ♭5, ♭7음이야.
디미니쉬드와는 달리 일곱 번째 음이 한 번만 ♭이 되었어.
가만히 보면 마이너 세븐과 비슷해. 단지 마이너 세븐에서 5음만 ♭한 거야.
따라서 또 다른 이름이 있는데 바로 '마이너 세븐 플렛 파이브(Cm7$^{(♭5)}$)'라고도 불려.

이 코드는 마이너계의 '아련함'을 책임져 주는 애야.
표기는 CØ7, Cm7$^{(♭5)}$ 이렇게 해.
자 다음의 코드 진행을 한번 쳐볼게.

이것은 우리가 또 나중에 배울 '마이너 투 파이브 원'이라는 거야.
자꾸 미리 스포하는데 이렇게 자꾸 해보고 자꾸 들어보고 자꾸 쳐봐야 익숙해져. 친해지려면 자주 봐야지.
자 이 진행에 있는 Dm7 코드를 하프 디미니쉬드 코드로 바꾸어 볼까?

어때? 제대로 쳤다면 뭔가 더 아련해지고 슬퍼졌어. 그치? 이런 걸 여러분들이 느껴야
해. 무조건 기계처럼 암기하는 것보다 일단 소리를 느껴보고 기계처럼 암기하는 것이
중요해. 그래. 결국, 기계처럼 암기하는 건 똑같은 일이야… 하지만 해야 해.
알지? 내 맘….

하프 디미니쉬드 7th 12 key

7th 코드의 자리바꿈

3화음과 똑같이 7th 코드도 자리바꿈이 존재해. 당연하겠지? 근데 여기서 우리는 짜증 나는 일이 또 생겨나. 일단 짜장면 한 그릇 먹고 시작할까? 아…. 안 웃기다…. 분하다….

자 분한 마음을 품고 독하게 다시 한번 해 보자.
세 개만 누르던 3화음과 달리 우리가 배운 대로 일곱 번째 음까지 치니 음이 하나가 늘었어. 따라서 자리바꿈도 하나가 더 늘어나. 힘내.

① C 메이저 코드의 자리바꿈

② C 마이너 코드의 자리바꿈

③ C 도미넌트 코드의 자리바꿈

자 이렇게 각각 코드의 자리바꿈이 생겨. 물론 디미니쉬드와 하프 디미니쉬드도 있지만 일단 이 세 가지 코드가 거의 음악의 80% 이상을 차지하니깐 얘네들부터 12 key로 완벽하게 외워.

3화음 때와 마찬가지로 화음은 물론 아르페지오로도 연습해야 해.
아시다시피 7th 코드는 음이 4개야. 따라서 완벽하게 연습을 하시려면 4분음표, 8분음표, 16분음표 순으로 아르페지오를 연습하면 돼. 실제로 내 레슨생들은 다 이렇게 연습해. 못 치면 그다음 진도를 안 나가거든. 하나하나 완벽하게 하는 것이 결국 피아노를 잘 치는 지름길이란 걸 잊지 말기로 해.

메이저 7th 코드 12 key 아르페지오 자리바꿈 / 4분음표

마이너 7th 코드 12 key 아르페지오 자리바꿈 / 4분음표

Cm⁷

Fm⁷

B♭m⁷

E♭m⁷

Em⁷

Am⁷

Dm⁷

Gm⁷

도미넌트 7th 코드 12 key 아르페지오 자리바꿈 / 4분음표

메이저 7th 코드 12 key 아르페지오 자리바꿈 / 8분음표

마이너 7th 코드 12 key 아르페지오 자리바꿈 / 8분음표

도미넌트 7th 코드 12 key 아르페지오 자리바꿈 / 8분음표

메이저 7th 코드 12 key 아르페지오 자리바꿈 / 16분음표

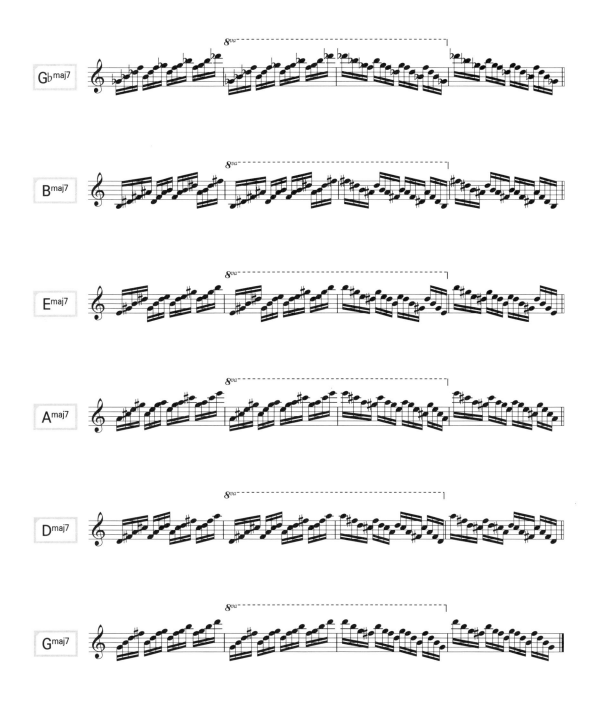

마이너 7th 코드 12 key 아르페지오 자리바꿈 / 16분음표

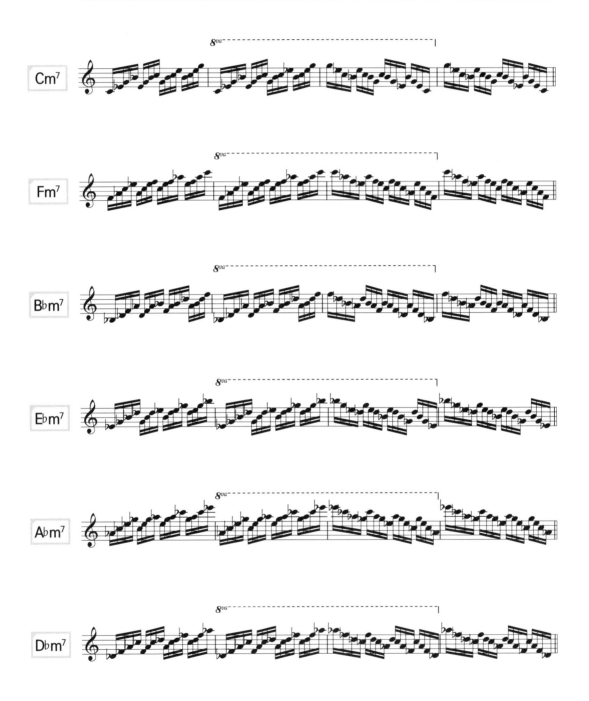

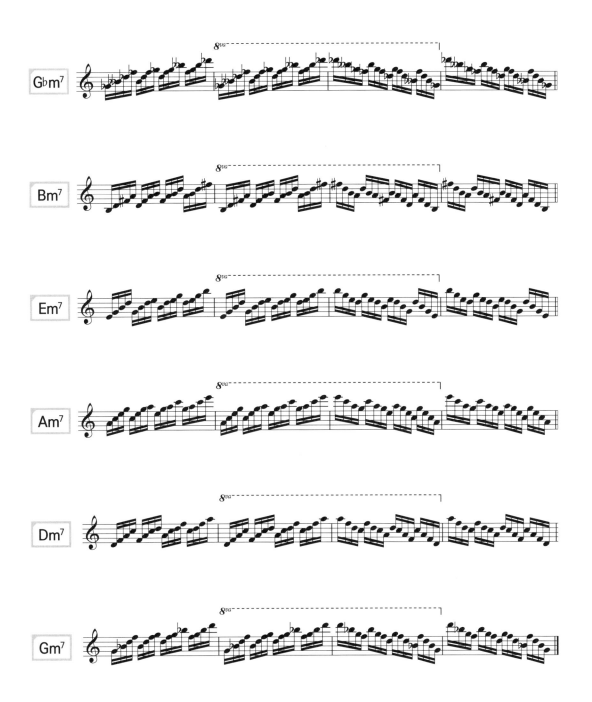

도미넌트 7th 코드 12 key 아르페지오 자리바꿈 / 16분음표

7th 코드의 정리

▶▶▶ 스케일에서 첫 번째, 세 번째, 다섯 번째, 일곱 번째 음을 한꺼번에
친 화음을 4화음, 7th 코드라고 한다.

▶▶▶ 이렇게 5개의 4화음이 12 key로 존재한다.

Major 7 (1, 3, 5, 7)

Minor 7 (1, ♭3, 5, ♭7)

Dominant 7 (1, 3, 5, ♭7)

Diminished 7 (1, ♭3, ♭5, ♭♭7)

Half Diminished 7 (1, ♭3, ♭5, ♭7)

▶▶▶ 일곱 번째 음까지 치기 때문에 삼화음의 자리바꿈보다 한 개의 포지션이
더 늘어난다.

▶▶▶ 자리바꿈은 4분, 8분, 16분음표를 사용하여 아르페지오로 연습 할 수 있다.
또한 화음으로도 연습이 되어야 한다.
결국 아무 생각 없이 어떤 템포에서든지 자유롭게 나올 때까지 쳐야 한다.

WEEK 06

다이아토닉 코드

다이아토닉 코드의 개념을 배우고 12 key로
싹 다 외운다.

다이아토닉 코드 Diatonic Chord

다이아토닉Diatonic이라는 단어 들어봤니?

역시 피타고라스가 발견한 거야. 진짜 대단한 사람이야.

우리도 본받아서 열심히 하자.

자 암튼 피타고라스가 메이저 스케일에다가 3도씩 위로 화음을 쌓아 봤대.

그리고 각 화음을 1도, 2도, 3도, 4도, 5도, 6도, 7도라고 불렀어.

그랬더니 다음의 표같이 코드가 생겼어.

1도	2도	3도	4도	5도	6도	7도	8도
I°	II°	III°	IV°	V°	VI°	VII°	VIII°
C	D	E	F	G	A	B	C
Major 7	Minor 7	Minor 7	Major 7	Dominant7	Minor 7	Minor 7$^{(\flat5)}$	Major 7

다이아토닉은 'Dia2개의' + 'Tonic으뜸음'이라는 단어의 합성어야. 중세시대 때는 개념이 지금과는 조금 달랐나 봐. 그때 당시에는 메이저 코드를 으뜸음으로 여겼어. 가만히 보면 C 코드와 F 코드가 메이저 코드지? 따라서 한 키의 다이아토닉 코드에서는 두 개의 메이저 코드, 즉 두 개의 으뜸음이 존재해. 그래서 이름이 다이아토닉이라고 불려. 그런데 도대체 이게 왜 중요한가? 서양음악은 조성 음악이라고 한 말 기억나?

대 화

고구미 그러셨었어요?

나 아…. -.- 어…. 그래…….

우리가 듣는 음악들은 모두 key라는 것을 갖고 있다고 했지?

물론 전조를 하는 경우도 있지만 대부분 음악은 한 key를 중심으로 작곡이 돼.

나무에 뿌리와 가지가 없으면 존재할 수 있겠니? 집에 뼈대가 없으면 금방 무너지겠지? 어떤 곡의 코드 진행에서 뿌리와 가지 역할을 하는 것이 바로 다이아토닉 코드야.

나중에 알겠지만, 세상의 음악에는 두 가지 종류의 음악이 있어.

바로 '다이아토닉 음악Diatonic Music'과 '논 다이아토닉 음악None Diatonic Music'이야. 우리가 흔히 들어왔던 동요, 민요, 옛날 가요들은 거의 다이아토닉 음악이야. 그 key 안에서만 움직이는 음악들이지. 예를 들면 이런 거야. C key에는 검은 건반이 없어, 그치? '도 레 미 파 솔 라 시 도' 잖아? 이 안에서만 쓰인 곡은 모두 다이아토닉 음악이야. 하지만 검은 건반이 들어가면 그 곡은 논 다이아토닉 음악이 되는 거야. 그리고 논 다이아토닉의 음악을 잘 하려면 당연히 다이아토닉 음악을 먼저 알아야겠지?

앞서 말했듯이 어떠한 곡에서 코드 진행은 랜덤이야. 1도에서 2도, 2도에서 3도 이렇게 순차적으로 가는 경우도 있지만 거의 대부분의 음악은 막 3도에서 6도로 갔다가 2도에서 5도로 가고 이런 식이야. 만약 코드 진행이 항상 일정한 방향으로 진행을 한다면 너무 뻔하고 예상이 되겠지? 그럼 재미없잖아. 다음이 읽히는 순간 뻔~한 음악이 되는 거야. 하지만 우리는 기본을 닦아야 해. 그 후에 응용이 있는 거야.

모든 메이저 스케일은 음의 간격이 같아. 따라서 key를 바꿔도 모두 똑같은 코드가 나와. 여기서 중요한 건 몇 도는 무슨 코드인지 달달 외워야 해.

1도는 메이저 세븐 (Major7),
2도는 마이너 세븐 (m7),
3도는 마이너 세븐 (m7),
4도는 메이저 세븐 (Major7),
5도는 도미넌트 세븐 (7),
6도는 마이너 세븐 (m7),
7도는 마이너 세븐 플랫 파이브 (m7$^{(\flat 5)}$)

라는 거 아무 생각 없이 나와야 해. 또한, 한 key의 1도 코드를 듣고 나서 4도인지, 3도인지, 2도인지, 5도인지, 7도인지, 6도인지 알아야 해. 이것들이 철저하게 외워지면 음악에서도 들려. 그럼 나중에 음악을 듣고 코드 진행을 한 번에 듣고 칠 수가 있어. 따라서 우리는 미친 듯이 외워야 해. 외우고 나면 왜 이토록 열심히 외웠는지 이해가 될 거야. 이 또한 재능이 필요 없어. 경험이야. 단지 기술이 필요하니 그 기술을 연마하면 되는 거야. 아무 소리 말고 외워.

참고로 내 레슨생들은 이 다이아토닉을 아르페지오로 쳐.

그리고 메트로놈에 맞춰서 치면서 입으로는 코드 이름을 말하면서 쳐.

이거 생각보다 되게 어려워. 하지만 천천히 한다면 왜 못 하겠니?

누구나 다 할 수 있어. 한 key씩 천천히 그리고 완벽하게 외우자.

다이아토닉 12 key

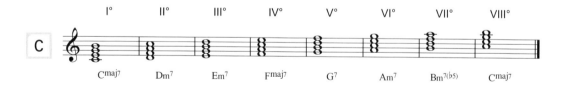

I° Cmaj7　II° Dm7　III° Em7　IV° Fmaj7　V° G7　VI° Am7　VII° Bm7(♭5)　VIII° Cmaj7

Fmaj7　Gm7　Am7　B♭maj7　C7　Dm7　Em7(♭5)　Fmaj7

B♭maj7　Cm7　Dm7　E♭maj7　F7　Gm7　Am7(♭5)　B♭maj7

E♭maj7　Fm7　Gm7　A♭maj7　B♭7　Cm7　Dm7(♭5)　E♭maj7

A♭maj7　B♭m7　Cm7　D♭maj7　E♭7　Fm7　Gm7(♭5)　A♭maj7

D♭maj7　E♭m7　Fm7　G♭maj7　A♭7　B♭m7　Cm7(♭5)　D♭maj7

G♭   G♭maj7   A♭m7   B♭m7   C♭maj7   D♭7   E♭m7   Fm7(♭5)   G♭maj7

B   Bmaj7   C♯m7   D♯m7   Emaj7   F♯7   G♯m7   A♯7(♭5)   Bmaj7

E   Emaj7   F♯m7   G♯m7   Amaj7   B7   C♯m7   D♯7(♭5)   Emaj7

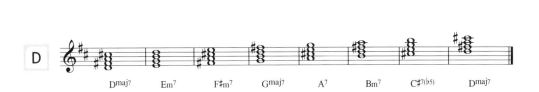

A   Amaj7   Bm7   C♯m7   Dmaj7   E7   F♯m7   G♯7(♭5)   Amaj7

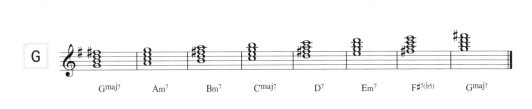

D   Dmaj7   Em7   F♯m7   Gmaj7   A7   Bm7   C♯7(♭5)   Dmaj7

G   Gmaj7   Am7   Bm7   Cmaj7   D7   Em7   F♯7(♭5)   Gmaj7

다이아토닉 내의 리하모니제이션

자 그리고 우리가 여기서 또 중요한 게 한 가지가 있어!!!

피아노 좀 친 애들의 로망~ 바로 '리하모니제이션Re-Harmonization'이라는 걸 우리는 이제 할 수 있어. 차근차근 설명을 들어보자. 이 리하모니제이션에도 다이아토닉 리하모니제이션이 있고 논 다이아토닉 리하모니제이션이 있어. 역시나 순서는 다이아토닉 내에서 리하모니제이션하는 것이 먼저야.

우리가 여태껏 3화음, 4화음을 배운 건 코드의 종류였어. 그런데 지금부터 내가 하는 말은 코드의 기능에 관해서 설명하려고 해. 첨엔 어렵거나 복잡하다고 느낄 수도 있지만, 천천히 잘근잘근 씹으면서 읽으면 또 쉬워져.

보자. 책에 첫 부분에서 나온 주요 3화음 기억나? C key를 예로 들었을 때 으뜸화음을 토닉이라고 부르고 곡의 1도인 C 코드였지? 그렇다면 5도는? 딸림화음이었고 도미넌트라고 부르며 G 코드였어. 4도는 서브 도미넌트이고 버금 딸림이라고 부르고 F 코드 였고 이렇게 3개의 코드로 이 세상 모든 곡의 반주가 대충 가능하다고 했어. 이 말은 제아무리 복잡한 코드라도 이 3개의 코드의 기능에 의해 다 반주가 가능하다는 이야기야.

근데 말이야 다이아토닉을 배우고 나서 보니깐 우리는 1도, 4도, 5도 말고도 한 key의 다이아토닉 내에서는 2도, 3도, 6도, 7도의 코드들이 있잖아…. 얘네들 어쩔 거야? 써먹어야 할 거 아냐???

자 그래서 우리는 1도, 4도, 5도와 함께 나머지 2, 3, 6, 7도의 코드들도 쓸 수가 있어. 그리고 우리는 이것을 대리코드라고 불러. 대신 쓸 수 있다는 이야기야.

① 토닉의 대리코드

자 1도는 C 코드지?

이 C코드는 토닉의 역할을 하는데 바로 3도인 Em7과 6도인 Am7과 같은 역할을 해. 실제로 오른손으로 Em7을 누르고 왼손으로 근음 C를 눌러 보쟈.

자 그럼 나중에 배울 텐션인 C9 코드가 되는 거야. 비슷한 성격을 가진 아이야.

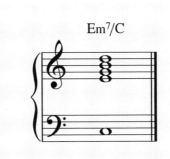

자 이번에는 Am7 코드를 쳐보고 왼손으로 루트를 C로 눌러볼까?

이건 재즈에서 많이 쓰는 6 코드가 되는 거야.

따라서 우린 C코드의 자리에 Em7이나 Am7 코드를 대신 넣을 수 있어.

② 도미넌트의 대리코드

자 이번에는 도미넌트를 보자.

G7 코드야. 이건 코드 톤이 G, B, D, F지?

근데 자세히 보면 7도인 Bm7$^{(b5)}$랑 비슷하게 생겼어.

루트를 G로 누르고 Bm7$^{(b5)}$의 코드 톤인 B, D, F, A를 누르면 G7^9 코드가 돼.

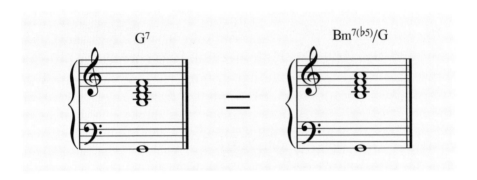

따라서 우리는 G7코드 대신 Bm7$^{(b5)}$를 넣을 수가 있어.

③ 서브 도미넌트의 대리코드

자 마지막으로 서브 도미넌트인 F코드를 볼까?

F 코드는 바로 2도인 Dm7과 같은 역할을 해.

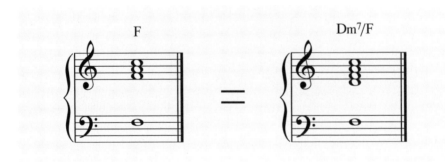

자 위의 악보를 보면 오른손만 보면 Dm7 코드지만 왼손을 F로 눌러보니 바로 F6 라는 코드가 돼. 따라서 F 코드 대신에 우리는 Dm7을 넣을 수가 있어. 이렇게 우리는 7개의 코드를 다 쓸 수가 있는 거야. C key를 기준으로 쉽게 표로 정리해줄게.

	코드	사용 가능한 대리코드
1도	C Major 7	3도 (Em7), 6도 (Am7)
4도	F Major 7	2도 (Dm7)
5도	G Dominant 7	7도 (Bm7$^{(\flat5)}$)

리하모니제이션 할 때의 주의사항

우리가 주요 3화음인 1도, 4도, 5도만 써서 음악을 한다고 생각해 보자. 마치 물감이라고 생각하면 돼. 빨강, 검정, 흰색의 물감만 사용해서 그림을 그리는 거야. 그런데 2도, 3도, 6도, 7도라는 새로운 색깔의 물감을 써서 그림을 그리는 거야. 그림을 그릴 때 많은 물감을 쓰면 화려하고 다양해지겠지만 너무 많이 쓰면 오히려 지저분해진다는 거 잊지 마. 때로는 단순한 순간에 조금 더 에너지가 넘쳐!!

따라서 멜로디에 어울리고 앞뒤 코드의 진행이 부드러운가를 생각하면서 코드를 넣어야 멋있는 음악이 돼. 이러한 기준을 찾기 위해서는 좋은 음악을 많이 들어야 하고.

결국, 이것저것 다 만들어 봐야 해. 동요 한 곡으로 10가지 이상의 코드 진행을 만들 수 있어야 코드의 기능을 다 이해할 수 있어. 한번 해봐~ 좋은 경험이 될 거야.

다이아토닉 코드의 정리

▶▶▶ 다이아토닉은 'Dia2개의'와 'Tonic으뜸음'의 합성어이다.

▶▶▶ 서양음악엔 한 키의 음계 안에서 움직이는 '다이아토닉 음악Diatonic Music'
과 하나의 음계에서 벗어나 진행이 되는 '논 다이아토닉 음악None-Diatonic
Music'이 존재한다.

▶▶▶ 다이아토닉 코드는 한 키에서 나올 수 있는 코드의 뼈대가 된다.
그만큼 중요한 구조임으로 완벽하게 외워두어야 한다.

▶▶▶ 12 key의 다이아토닉 코드는 모두 동일하다.

▶▶▶ 입으로 코드의 이름을 말하며 칠 수 있어야 한다.

▶▶▶ 어떠한 템포에서도 부드럽게 나와야 한다.

▶▶▶ 다이아토닉의 1, 4, 5도 외에 2, 3, 6, 7도의 코드를 이용하여 우리는 리하
모니제이션을 할 수가 있다. 단, 멜로디와 코드의 앞 뒤 진행을 잘 살펴봐서
자연스럽고 부드러운 진행을 만들어야 한다.

WEEK 07

2-5-1 진행

재즈에서 맨날 말하는 2-5-1에 대해서 배우고 12 key로
싹 다 외운다.

2-5-1 (투 파이브 원) 진행

화성학책에 보면 'Cadence'라는 게 있어. 한국말로는 종지법이라는 거야. 곡의 마침 꼴? 뭐 이런 건데 이게 사실은 코드 진행이야. 도대체 왜 재즈에서는 투 파이브 원 투 파이브 원 이럴까? 굳이 많은 진행 중에 왜 투 파이브 원이고 왜 중요한 걸까?

자 쉽게 C key에서 예를 들어보도록 하자.

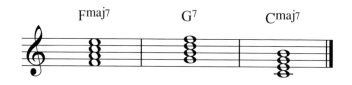

음악은 뭐라고? 불안에서 해결하는 과정 그르치. 5도에서 1도로 끝내는 것. 이래야 안정감이 생기지? 여기에 앞에 코드를 하나 더 붙이면 좀 더 긴 진행이 생기겠지? 위 악보엔 G 코드에서 C 코드가 그려져 있어. 도미넌트와 토닉이지. 자 그럼 서브 도미넌트를 하나 넣어볼까? 4도, 5도, 1도 이렇게 진행해. 이걸 아멘 종지라고도 불러. 왜 찬송가 끝나면 아~멘 이렇게 하잖아? 4도에서 1도로 할 때도 있고 4도에서 5도로 갔다가 1도로 해결할 때도 있고.

그런데 위에서 우리 대리코드 배웠잖아. 사람들은 서브도미넌트인 F 대신에 같은 성격인 2도 D 마이너 세븐을 치기 시작하지. 그랬더니 왼손의 도약이 더 커져서 코드 진행의 움직임이 확실하게 들리고, 5도는 1도로 돌아가려는 성질이 있다고 했지?

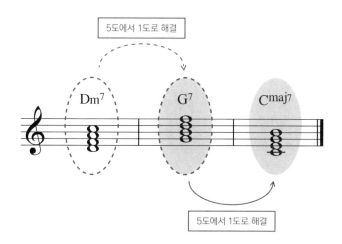

G를 1도라고 생각하면 G의 5도는 누구니? 그렇지 바로 D야! 5도에서 1도로 해결을 하지? 근데 또다시 G에서 C로 가면서 시원한 해결감 즉 안정감을 줘. 안정감이 연속적으로 들어서 사람들은 4도 대신에 2도인 D 마이너 세븐 코드를 쓰기 시작했어. 그래서 포 파이브 원이 아니고 투 파이브 원 인거야. 역시 다이아토닉 안에서 움직이는 거겠지?

우리가 여태껏 배웠듯이 C key의 다이아토닉 내에서 투 파이브 원 코드 진행을 치면 2도니깐 D 마이너 세븐, 5도니깐 G 도미넌트 세븐, 1도니깐 C 메이저 세븐 코드가 되는 거지. 쉽지?

이 투 파이브 원 코드 진행은 재즈, 록, 팝송, 가요 등에서 80% 이상 쓰이는 진행이기 때문에 패턴으로 외워두는 게 아주 중요해!! 이해는 되지? 앞으로 악보를 보던지, 음악을 듣던지 2-5-1이 보이고 들려야 해.

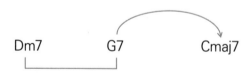

처음에 곡을 분석할 때 투에서 파이브로 갈 때는 아래로 화살표를 그리고 파이브에서 원으로 갈 때는 위로 화살표를 그려.
근데 연습을 많이 하면 굳이 이런 거 안 그려도 그냥 투 파이브 원이 보여.
그렇게 될 때까지 개처럼 열심히 연습하자.
생각해보면 아주 쉬운 개념이야. 12 key로 외우는 게 짜증나는 거지.

투 파이브 원 12 key

2-5-1(투 파이브 원)의 연습

우리는 이제 2-5-1 진행이 뭔지도 배웠어. 그런데 이걸 어떻게 연습하고 써먹어 볼까? 일단 어떻게 연습을 해야 하는지부터 가르쳐 줄게.

자 우리는 세븐스 코드도 배웠고 자리바꿈도 배웠지?

이걸 2-5-1에 적용하는 거야.

우리가 배운 대로라면 세븐스 코드는 4개의 포지션이 있어.

기본형	첫 번째 자리바꿈	두 번째 자리바꿈	세 번째 자리바꿈
7	1	3	5
5	7	1	3
3	5	7	1
1	3	5	7

자리바꿈은 왜 쓴다고? 탑 노트를 줄임으로써 부드러운 진행을 만들기 위해 쓴다고 했지? 그렇다면 어떻게 해야 할까?

그렇지. 그다음 코드를 가장 가까운 애를 써야지. Dm7의 기본형부터 시작하면 그다음 코드인 G7을 어떻게 쳐야 할까?

맞아! Dm7과 가장 가깝게 자리를 잡아야 해.

그렇다면 G7 다음의 CM7 코드는? 또 G7과 가장 가깝게 치는 거야.

악보로 설명해줄게.

① 기본형에서 시작하는 악보

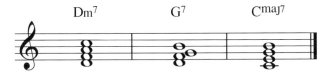

② 첫 번째 자리바꿈에서 시작하는 악보

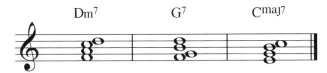

③ 두 번째 자리바꿈에서 시작하는 악보

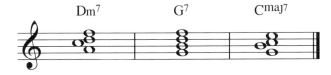

④ 세 번째 자리바꿈에서 시작하는 악보

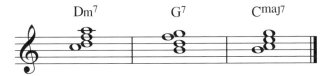

2-5-1 자리바꿈 연습 방법	
Step 1	처음엔 왼손으로 루트를 누르고 오른손 코드를 메트로놈 bpm 60에 맞추어 천천히 연습한다.
Step 2	눈에 코드가 보이기 시작하면 양손으로 코드를 누른다.
Step 3	속도를 조금씩 올린다.

투 파이브 원 2-5-1 12 key 자리바꿈

선법

너도나도 어려워하는 선법의 개념을 알아보고
소리만 들어도 알아 맞출 정도로
싹 다 외운다.

선법 Mode

많은 친구들이 모드를 어려워 해. 근데 사실 이거 알고 나면 아무것도 아니야. 우리말로 하면 그냥 선법이야.

결국, 다양한 선율의 곡을 쓰기 위한 또는 다양한 선율로 연주하기 위한 재료야. 중세 시대에 클래식 작곡을 위해 태어난 선율들이야. 근데 이것들을 1950년대에 미국에서 재즈의 거장 '마일즈 데이비스'와 '빌 에반스' 선생님이 재즈에 도입을 했어. 그렇게 '쿨재즈'라는 장르를 탄생 시키셨지. 그 덕에 코드 톤과 비밥 스케일로만 연주되던 재즈의 즉흥 연주에 더 다양한 색채를 넣을 수 있게 되었어. 우선 아주 오래전 이 모드 Mode라는 것이 왜 생겨났는지에 대해부터 생각을 좀 해보면 어떨까?

그냥 난 단순하게 생각하기로 했어. 구미야. 니가 '도 레 미 파 솔 라 시 도' 만 알고 10년 동안 곡을 쓰고 연주하던 어느 날, 내가 옆 나라에서 와서 '도 레 미 파# 솔 라 시 도' 를 가지고 연주를 해. 그럼 너의 연주에서 한 번도 들어보지 못한 소리를 나는 낼 수 있어. 왜냐면 난 '파#'이라는 새로운 재료를 썼거든. 그럼 구미, 넌 '우와 님아 이거 뭐예요? 뭘 쓴 거예요? 새로운 사운드예요.' 이 지랄 하면서 어떻게든 알아내려고 하겠지. 이런 거야. 여러 가지의 모드가 존재하는 이유는 다양한 감정을 음으로 표현하기 위함이 아닐까? 여러 가지의 물감을 가진 거라고 생각하면 편할 듯해. 내가 생각하는 모드는 '밝기'를 표현하는 거라고 봐.

자 중세시대에는 이렇게 모드를 썼어.

C key의 메이저 스케일인 '도 레 미 파 솔 라 시 도'를 중심으로

① 도에서 시작해서 도로 끝나면 **'아이오니안**Ionian'

② 레에서 시작해서 레로 끝나면 **'도리안**Dorian'

③ 미에서 시작해서 미로 끝나면 **'프리지안**Phrygian'

④ 파에서 시작해서 파로 끝나면 **'리디안**Lydian'

⑤ 솔에서 시작해서 솔로 끝나면 **'믹솔리디안**Mixolydian'

⑥ 라에서 시작해서 라로 끝나면 **'에올리안**Aeolian'

⑦ 시에서 시작해서 시로 끝나면 **'로크리안**Locrian'

입시생들의 대부분은 이렇게 모드를 외웠을 거야. 근데 도대체 이게 뭐야? 그리고 이걸 어떻게 써먹어? 왜 외운 거야? 다음 모드를 그리시오! 그냥 종이로 빈칸 채우면 끝나는 거야? 화성학 시험에 나오니깐? 이게 모야…. 이런 교육은 이제 때려치워야 해. 실용음악이라면 실용적이어야지….

우선 소리를 이해해야 해. 그래서 우리는 분위기 '밝기'의 정도로 모드를 배울 거야. 감정은 이분법으로 끝나는 게 아니야. 기쁨과 슬픔이 있으면 그 중간에 아련함이라는 감정도 있고 진짜 억장이 무너질 만큼 슬픈 감정도 있어. 색깔과 마찬가지로 아주 다양해.

그래서 우리는 모드를 '밝기' 혹은 '색깔' 별로 그룹핑Grouping을 할 수 있어.

역시 크게 메이저 그룹, 도미넌트 그룹, 마이너 그룹 이렇게 세 가지로 나누어 보자.

메이저 그룹

① 첫 번째 모드 : 아이오니안 Ionian

우리가 여태까지 알고 있는 메이저 그룹의 스케일은 바로 메이저 스케일이야.

자 뻔한 '도 레 미 파 솔 라 시 도' 지?

얘는 관점에 따라 또 다른 이름을 갖고 있어.

아이오니안Ionian 이라는 새로운 이름을 붙이자.

그렇다면 메이저 스케일은 세 가지의 이름을 갖고 있어.

① 메이저 스케일 Major Scale

② 다이아토닉 스케일 Diatonic Scale

③ 아이오니안 Ionian

이거 봐! 별거 아닌데 괜히 이름만 어렵지?

아이오니안 12 key 악보는 앞에 메이저 스케일로 이미 몇 번 등장했으니 생략할게!

② 네 번째 모드 : 리디안 Lydian

그런데 지금부터 우리는 새로운 메이저 스케일을 배울 거야. 바로 리디안Lydian이라고 불리는 애야. 얘는 C 메이저 스케일에서 4음인 파를 #시켜줘. 앞서 리디안은 F라고 써 놓았잖아? 그럼 이런 애들이 또 꼭 있어. 리디안은 F에서만 쓰는 거 아니에요……? 아니야. 위에서의 예는 C key에서야. C key에서 네 번째 음은 F야. 아까 F에서 시작해서 F에서 끝나는 모드를 리디안이라고 했지? 잘 보면 F 메이저 스케일은 시가 ♭이 되어야 하는데 시가 제자리야. 왜냐면 이건 C key라서 그래. 주인은 C key 인 거야. F는 주인인 C key의 4번째 음인 거야. 따라서 key의 중심은 C로 봐야지? 따라서 F 리디안인 거야. 이렇게 key별로 12개의 리디안이 존재하겠지?

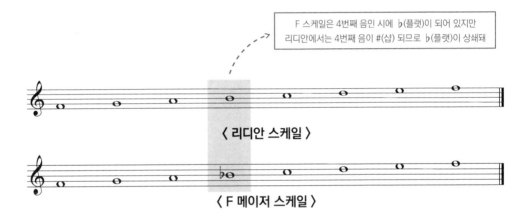

> F 스케일은 4번째 음인 시에 ♭(플랫)이 되어 있지만 리디안에서는 4번째 음이 #(샵) 되므로 ♭(플랫)이 상쇄돼

〈 리디안 스케일 〉

〈 F 메이저 스케일 〉

처음 리디안 스케일을 들으면 어딘가 틀린 것 같고 소리가 이상할 거야. 하지만 리디안이라는 아이는 월트 디즈니 등 만화에서 정말 많이 쓰이는 중요한 스케일이야. 사실 만화에서 이미 너희들이 많이 들었던 음계야. 인지만 못 하고 있을 뿐. 나중에 이 #4는 #11이라는 텐션과 같은 애야. 4음을 반음 올리면 소리는 더 밝아져. 역시 메이저 코드에서 쓰이는 스케일들이야.

리디안 스케일 12 key

C

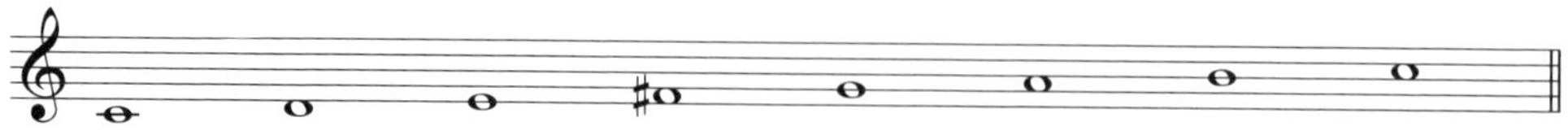

F

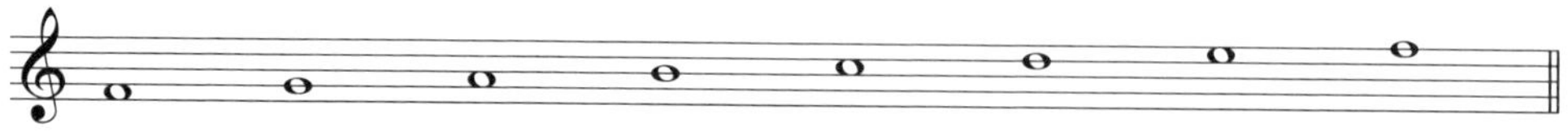

B♭

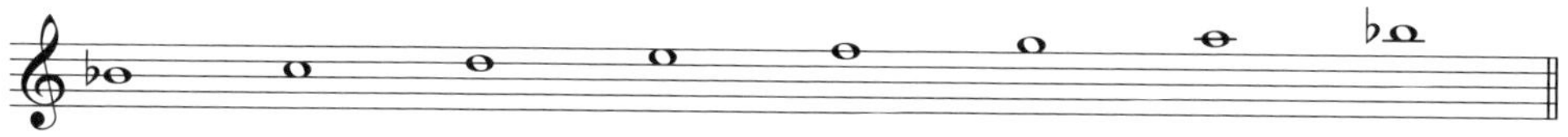

E♭

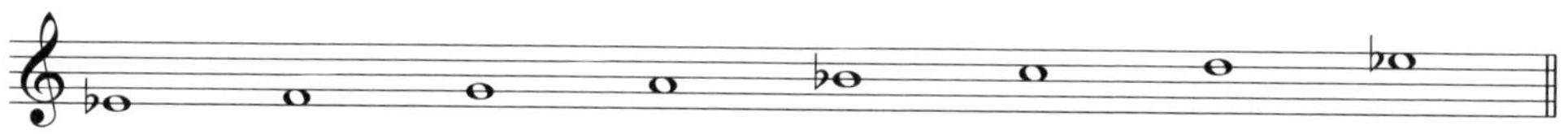

A♭

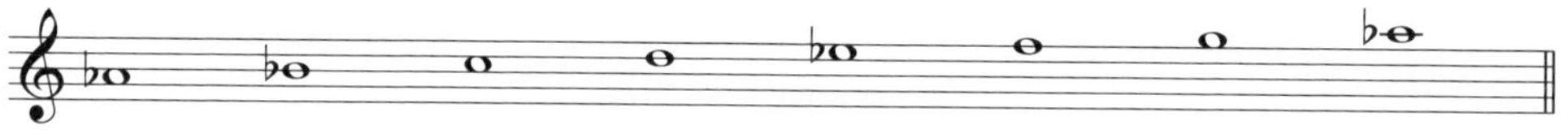

D♭

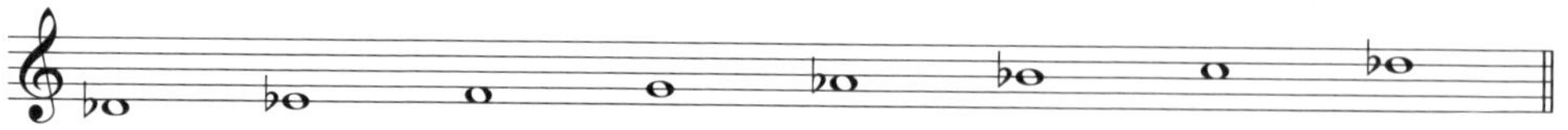

G♭

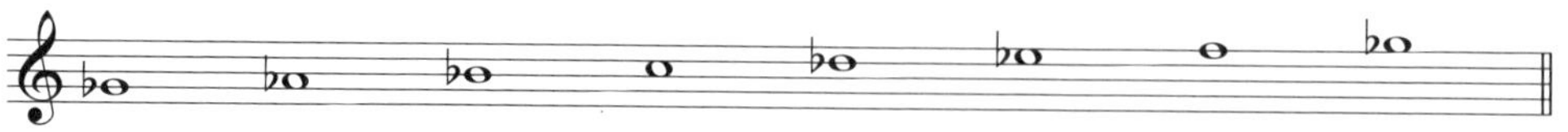

B

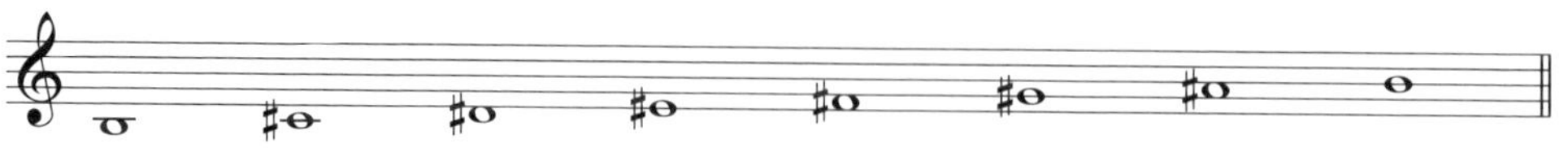

도미넌트 그룹

① 다섯 번째 모드 : 믹솔리디안 Mixolydian

도미넌트 코드에서 메이저 스케일을 쓸 수가 없어. 따라서 우리는 도미넌트 코드(세븐스 코드)에서는 Mixolydian이라는 스케일 쓸 거야. 메이저 스케일에서 일곱 번째 음을 ♭ 시켜주면 돼. 쉽지? 그럼 이렇게 돼!

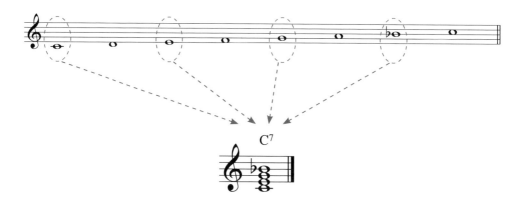

자 여기서 우리 세븐스 코드 때처럼 이 스케일의 1, 3, 5, 7음을 한 번 빼서 쳐볼까? 바로 도미넌트 세븐 코드가 되지? 따라서 믹솔리디안 스케일은 도미넌트 코드에서 사용이 가능해. 키야~~얼마나 쉽니.

마이너 그룹

① 두 번째 모드 : 도리안 Dorian

자 메이저 스케일에다가 3음과 7음을 ♭ 시켜 봐.

얘의 이름은 도리안이야. 마이너 코드에서 쓰이는 대표적인 스케일이야.

역시 마찬가지로 12 key가 있겠지?

② 여섯 번째 모드 : 에올리안 Aeolian

자 지금부터 조금씩 복잡해져.

도리안으로 마이너의 슬픔을 표현했는데 뭔가 더 슬픔의 색채를 더하고 싶어.

그렇게 6음을 또 ♭을 시키면 조금 더 어두워져.

잠깐 이 녀석 어디서 많이 본 녀석 아냐? 그래 우리 마이너 스케일 외울 때 보던 놈이야. 바로 자연단음계랑 똑같이 생긴 아이야. 역시 마이너 코드에서 쓰는 스케일이야. 근데 이 6음을 ♭ 시키느냐 안 시키느냐에 따라서 미묘하게 그 뉘앙스가 달라져. 조금 더 어두워지지. 이게 바로 모드가 존재하는 이유야.

③ 세 번째 모드 : 프리지안 Phrygian

자! 이 프리지안이라는 모드는 ♭2, ♭3, ♭6, ♭7이야.

잘 보면 지금 마이너 모드도 하나씩 ♭이 늘어나지? 그러면서 점점 더 어두워지고 있어. 2음을 ♭ 시키면 아주 새로운 색깔이 나와.

물론 상황에 맞게 잘 써야겠지? 보통 하드코어 메탈 등의 음악에서 많이 써.

어둠의 자식도 아니고… 이 소리도 첨엔 뭐야 이게… 이런 소리인데 계속 들으면 아주 매력이 넘치는 스케일이야.

④ 일곱 번째 모드 : 로크리안 Locrian

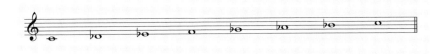

자 마지막으로 로크리안이라는 아이야.

이 스케일은 ♭2, ♭3, ♭5, ♭6, ♭7, 이렇게 5개의 음에 ♭이 붙어.

뭐가 많지? 잠깐 여기서 보면 ♭5라는 건 디미니쉬드에서 쓰였쟈나?

따라서 로크리안은 하프 디미니쉬드 코드에서 쓰여. 아련하고 슬픈 아이지.

도리안 12 key

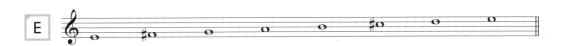

C

F

Bb

Eb

Ab

Db

Gb

B

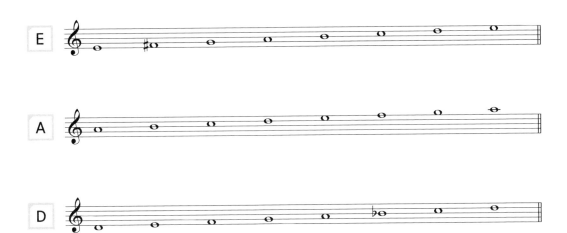

프리지안 12 key

C

F

Bb

Eb

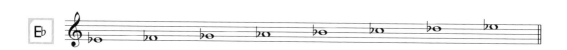

Ab

Db

Gb

B

로크리안 12 key

E

A

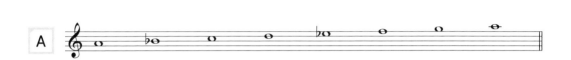

D

G

자 이렇게 우리는 7개의 선법을 배웠어.

여기서 중요한 건 우리는 또 듣고 알아차려야 해. 그치 이건 시간 좀 걸리겠다. 하지만 어쩌겠니⋯. 음악 잘하는 사람들은 이미 이것들이 12 key로 머릿속에 다 있는데, 알고 태어났겠어? 열심히 연습하고 듣고 또 외우고 또 연습한 결과지 뭐. 음악이란 게 그래⋯. 귀로 하는 거잖아? 따라서 귀로 듣고 판단을 할 수 있어야 해. 오래 걸리는 건 당연한 일이야~ 즐겨.

모드의 정리

▶▶▶ 모드는 다양한 감정을 음으로 표현하기 위해 존재한다.

▶▶▶ 모드로 음의 밝기를 다음과 같이 조절 할 수 있다.
어두워질수록 ♭이 점점 붙는다.

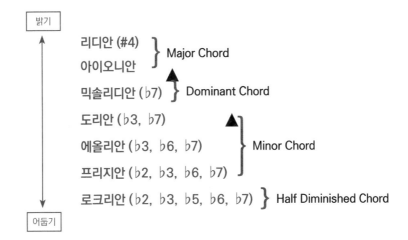

모드를 활용한 2-5-1 연습

외운 것들이 손으로 아무 생각 없이 나올 때까지
연습을 한다.

모드를 활용한 2-5-1 연습

여태껏 꾸준히 연습을 잘 해왔다면 여태까지 배운 것들을 응용해보자.

뭐 그렇다고 대단한 건 아니야. 아직 우리는 재료를 다듬는 과정이니까 재료가 아주 중요해. 아무거나 막 넣으면 배탈 난다. 자 암튼 우리는 모드를 배웠고 2-5-1이라는 중요한 진행도 배웠어. 이 두 가지의 재료를 섞어 보자.

일곱 개의 모드를 배웠어. 그런데 일단 그것들을 12 key로 다 외우기엔 벅차. 따라서 그룹별로 대표적인 아이들 세 가지만 뽑아서 일단 투 파이브 원에 넣어보자.

다이아토닉을 기준으로 2도인 투는 마이너 세븐이 쓰여. 따라서 마이너 그룹의 대표 모드인 도리안을 쓸 거야. 그다음 5도인 파이브에는 도미넌트 코드가 쓰이지? 저번 시간에 배웠듯이 도미넌트에는 믹솔리디안이라는 아이를 쓰도록 하쟈. 마지막으로 1도인 원에는 메이저 그룹의 대표주자인 아이오니안을 쓸 거야. (이건 우리가 이미 친 것이지?)

자 이 아이들을 한 키의 투 파이브 원에 넣으면 이렇게 돼!!

진행을 잘 들어보고 느껴 보자. 어때? 뭔가 벌써 멋있지?

중요한 건 이것들이 어느 템포에서든 아무 생각 없이 양손 12 key로 나와야 한다는

거야. 또 보나 마나 너희들은 빨리 칠 거야. 60부터 시작해서 1씩 올려.

연습은 도를 닦는 것과 비슷해. 천천히 완벽하게 만들어.

모드를 활용한 2-5-1 연습 12 key

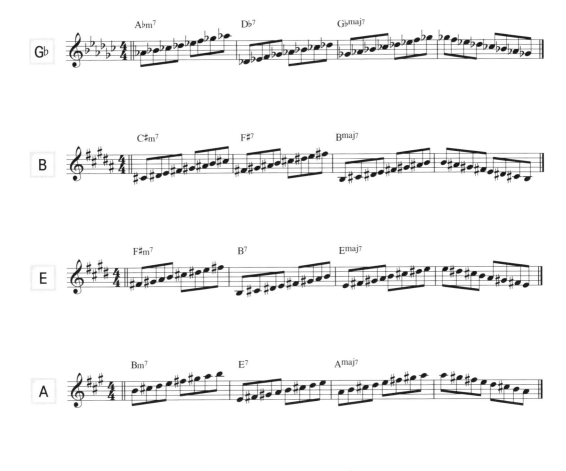

자 12 key의 악보야. 달달 외우도록 하자.

연습할 때 'Irealb' 라는 애플리케이션이 있어. 테크놀로지를 활용 해보자.

그걸로 연습하면 드럼 베이스가 원하는 key, 원하는 템포, 원하는 장르 별로 연주가 돼. 따라서 더욱더 재밌고 즐겁게 연습할 수 있어. 근데 이게 17,000원 정도 하는데 만약 돈이 없다면…. (사실 이 정도는 투자해야 해) 우리의 유튜브로 들어가서 '2-5-1 Chord Progression'을 쳐보면 또 12 key로 반주가 나와.

수단과 방법을 가리지 말고 즐겁게 연습하는 방법과 길을 찾아.

음악적으로 기분 좋게 부드럽게, 자신 있게 아름답게 들려야 해.

WEEK 10

가이드 톤

코드의 뼈대가 되는 가이드 톤을 배우고 완벽하게
12 key로 외운다.

가이드 톤 Guide Tone

앞에서 우린 '보이싱Voicing'이라는 단어를 언급한 적이 있어.

보이싱이 뭐라고? 그래 맞아 바로 음의 배열이야.

다음의 예를 보자.

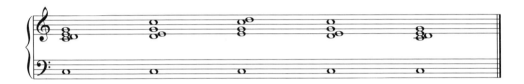

〈 C코드 보이싱 악보 〉

같은 C 코드라도 저렇게 수많은 포지션이 존재하고 소리도 다 달라. 그런데 우리가 피아노를 칠 때 왠지 모르게 소리가 비고 허전할 때도 있어. 그건 바로 꼭 필요한 음을 빼먹어서야. 흔히 우리가 말할 때 주어나 목적어 빼먹는 애들 있잖아. 그르치, 말이 안 통해…. 답답하기 그지없지. 음도 마찬가지야.

자 다음 코드를 보자.

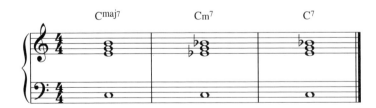

가만히 잘 살펴보면 '3음'과 '7음'에 ♭이 붙냐 안 붙느냐에 따라서 코드의 성질이 변해. 이 말을 바꾸어 말하면 '3음'과 '7음'은 코드의 성질을 결정짓는 아주 중요한 애들이야. 따라서 우리는 코드를 칠 때 '3음'과 '7음'을 꼭 넣어줘야 그 코드의 색깔이 정확하게 나오겠지?

자 다시 보이싱으로 돌아가서 이 가이드 톤이라는 건 3음과 7음으로만 구성된 보이싱이야. 보이싱의 기초라고 보면 돼. 가이드 톤을 나무와 비유하자면 근음은 뿌리, 가이드 톤은 나뭇가지, 나머지 코드 톤이나 텐션은 풀이나 꽃이라고 보면 돼. 이렇게 나무가 완성되는 거지. 키야~~ 비유 봐라 미쳤네, 미쳤어….
암튼 그만큼 중요한 거야~~

그럼 우리 실제로 가이드 톤을 한번 쳐볼까?
우선 왼손은 근음만 치고 오른손은 코드의 3음과 7음만 쳐 보자.

그런데 G7에서 갑자기 음이 확 올라가지? 자 탑 노트를 줄여보자.

Dm7을 3 7로 쳤다면 G7을 7 3으로 쳐 보쟈.

그럼 탑 노트의 간격이 확 줄어들고 손도 편해져.

따라서 이렇게 가깝게 만들어야 해.

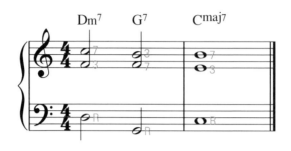

투 파이브 원에서 가이드 톤은 이렇게 쳐.

그런데 또 보자. 지금은 소리가 괜찮아. 하지만 key가 바뀌어 버리면 너무 높거나 낮아져. 그래서 자리바꿈을 한 또 하나의 포지션이 생겨나. 앞으로 외울 모든 보이싱은 두 가지의 포지션을 갖고 있어.

두 번째 포지션은 이렇게 쳐.

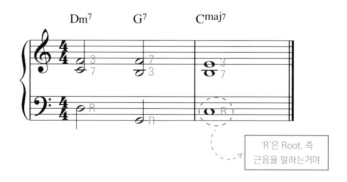

'R'은 Root, 즉 근음을 말하는거야

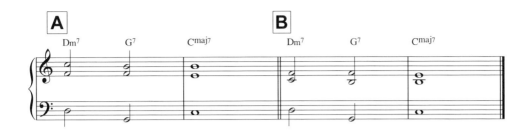

따라서 가이드 톤은 위에서 배웠듯이 A 타입과 B 타입, 이렇게 두 가지 포지션이 존재해. 이걸 또 우리는 12 key로 아무 생각 없이 나오게 외워야 해.

정말 생각할 시간이 없어. 기냥 손이 나와야 해.

아무 템포에서나!!!

아무 key의 2-5-1이나!!!

무의식적으로!!!

가이드톤 12 key

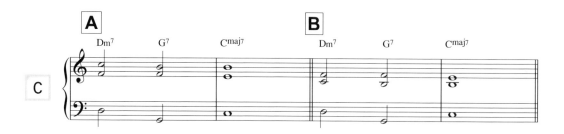

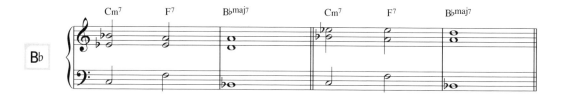

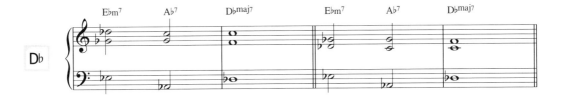

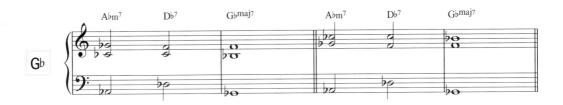

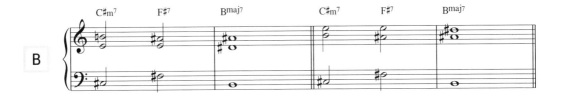

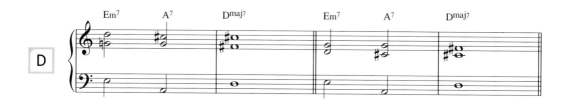

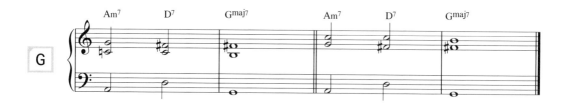

WEEK 11

텐션

코드를 화려하게 만들어주는 텐션에 대해 배우고
그 느낌을 귀로 듣고 맞출 때까지 외운다.

텐션 Tension

가이드 톤이 나무의 가지였다면 우리는 지금부터 잎사귀를 채워 넣어보도록 하자꾸나….
지금부터 우리는 바로 텐션Tension의 개념을 배울 거야.

텐션이라는 말은 원래 '긴장감'이라는 말이지? 음악에서 긴장감이 없다면 과연 그 음악은 재밌게 들릴까? 어떤 영화나 드라마가 어떠한 긴장감 없이 계속 늘어지는 내용이라면 그 영화나 드라마는 재미없다는 평가를 받을 거야. 음악도 똑같아. 재미있는 요소와 화려한 요소를 넣기 위해 우리는 텐션이라는 음을 사용해. 음악에서 사용하는 텐션은 'Tense'와 'Extension'의 합성어야. 긴장의 확장? 뭐 이런 뜻으로 볼 수도 있겠다.

우리 3화음 시절로 돌아가 볼까? 3화음에서 4화음으로 배울 때 우린 1, 3, 5음만 치다가 스케일에서 7음까지 확장했어. 우리는 사실 7음 이후로도 음을 확장 시킬 수 있어. 현대음악이나 재즈에서는 이렇게 확장된 음을 사용해서 코드를 더 화려하고 풍성하게 들리게 만들어. 당연히 감정을 더 복잡하게 표현할 수 있지. 보통 이 텐션에 대해 화성학책에서 설명하는 걸 보면 정말 어려워. 실제로 많은 학생이 혼란에 빠지지. 뭔가 외울 것도 개 많고 피곤하고 그놈의 개념은 뭐가 뭔지도 모르겠고….

삼촌이 피아노 배우던 시절, 바로 그 어린 시절로 돌아가서 생각해 보면 나한테는 텐션의 개념이 없었어. 그냥 치면 멋진 소리가 나는 코드와 음이 있었어. 그리고 그걸 단순하게 외워서 이미 나의 연주에 쓰고 있었지.

그게 '텐션 9'라든지, 'b9'라든지, '#9'라든지, '11'이라든지, '#11'이라든지, '13'이라든지, 'b13'이라든지, 이런 개념은 아예 없었어. 단지 기본 코드가 아니고 다른 음을 썼는데 소리가 더 풍성해지고 멋있어서 쓸 뿐이었어.

그렇지. 이미 연주에서 사용하고 나중에 학교 와서 배우고 나니 이것들은 텐션이라는 것들이었어. 따라서 난 너희들이 텐션을 연습할 때 악보를 보고 머리로 계산해서 치는 것보다 귀로 듣고 마음이 외워버려야 한다고 생각해.

자 그래서 지금부터 하나씩 하나씩 직접 쳐보고 듣고 그 코드의 느낌을 외워 버리자. 그리고 화성학책을 보면 이미 너희들이 쓰고 있기 때문에 이해가 더 빨리 될 거야. 텐션의 종류와 개념에 대해서 간단하게 설명해줄게.

일단 텐션도 한번 그룹핑을 해 보도록 할까?

텐션 9

① 아련함을 표현하고 싶을 땐, 텐션 9

우선 텐션에는 9Nine이라는 텐션이 있어. 쉽게 말하면 그냥 2음과 똑같은 거야.
C key로 예를 들어보자. 바로 '레'야. 그렇다면 언제 2를 쓰고 언제 9를 써요? 이런 질
문을 하는 애들이 있을 거야. 알려 줄게.

텐션은 확장의 개념이라고 했지?
따라서 한 코드에 7음이 포함되어 있으면 그건 텐션 코드가 되는 거야. 예를 들면 도
+레+미+솔은 C add2 라는 코드고, 시+레+미+솔은 C9 코드야.
텐션 나인은 근음의 온음 위야. 그리고 메이저 코드, 마이너 코드, 도미넌트 코드에
서 쓸 수가 있어. 그렇지, 다 쓸 수 있는 코드야. 나에게 텐션 나인은 '아련한 느낌'을
연출하게 만들어 줘.

〈 1-6-2-5 / 텐션 9 〉

② 아련함보다 조금 더 슬픔을 표현하고 싶을 땐, ♭9

자 이번엔 ♭9이라는 애야. 이 친구는 도미넌트 코드에서 쓰여. 제일 많이 쓰는 건 5도일 때야. C key의 5도는 누구니? 그렇지 바로 G7이지? G7의 코드 톤은 '솔, 시, 레, 파' 야. 그런데 G 코드에서 9음은 라야. 9음에 ♭이 붙었으니 '♭라'잖아? 솔은 어차피 우리가 왼손으로 치니 오른손은 솔 대신에 ♭라를 치면 돼. 자 그럼 '♭라, 시, 레, 파' 가 되지? 한번 쳐봐. 이것이 바로 ♭9 사운드야. 그냥 G7을 칠 때보다 더 슬퍼. 가요에서 참 많이 쓰는 텐션이야.

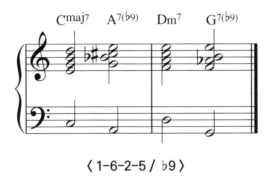

〈 1-6-2-5 / ♭9 〉

③ 섹시한 음, #9

말 그대로 아홉 번째 음이 #이 된 거야. 이 텐션은 보통 펑키한 음악에 많이 쓰여. 하지만 발라드에서도 쓰여. 나중에 '얼터드'라는 코드에서 볼 수 있을 거야. 역시 도미넌트에서 쓰이고 소리는 섹시해. 다음의 악보대로 쳐보면 무슨 소린지 알 수 있을 거야. 개인적으로 세련미와 섹시함을 같이 가진 멋진 텐션이라고 생각해.

〈 1-6-2-5 / #9 〉

텐션 11

① 몽롱함을 표현하고 싶을 땐, 텐션11

마이너 코드에서 자주 쓰는 텐션이야. 여태까지 위의 악보의 예에서는 도미넌트로 쳤던 코드들을 이제부터는 마이너로 칠 거야.

11음은 4음과도 같지? 따라서 도미넌트 코드에서도 쓰여. 4음은 sus4 코드에서 쓰던 음이야. 따라서 방향성이 없는 애매모호한 사운드를 제공해. 개인적으로 내 느낌은 몽롱한 느낌을 주고 싶을 때 바로 이 텐션 11을 쓰면 좋을 듯 해.

다음의 악보를 쳐 보쟈. 같은 11이더라도 마이너에서 쓸 때와 도미넌트 코드에서 쓸 때의 느낌은 완전 달라. 그런 것들을 느껴 보는 게 아주 중요하다고 생각해. 느낌을 외우자.

〈 마이너 코드에 텐션 11을 쓸 경우 〉

〈 도미넌트 코드에 텐션 11을 쓸 경우 〉

② 밝음의 끝판왕, #11

상황에 따라 도미넌트에서도 쓰긴 하지만 #11은 주로 메이저 코드에서 제일 많이 써.
리디안이라는 모드 기억나니? 안 난다고? 반듯이 기억하고 있었어야지….
그치 결국 #4랑 같은 거야. 이 리디안이 바로 #11이야. 파가 #이 되면서 '밝음'의 끝을
향해 달려간다고 상상하면 될 것 같아.

〈 #11의 예 〉

텐션 13

① 복잡한 심정을 표현하고 싶을 땐, 텐션 13

어렵게 생각할 것 없어. 바로 6음이랑 같다고 생각하면 돼.

뭐 어떤 선생님이나 이론가들은 절대 그러면 안 됩니다. '이론상 그렇게 하면 안 됩니다. 그건 야매입니다.' 뭐 이럴 수 있겠지만 무슨 상관이야? 내가 적재적소에 13을 쓰면 누가 모라고 할 껀데? 중요한 건 니가 연주를 할 때 음악에 기분 좋고 잘 어울리게 텐션을 쓰느냐야. 따라서 수많은 경험이 필요하고 소리를 몸에 베게 하는 것이 이론보다 더 중요해. 눈치 보지 말고 여러 가지 시도를 해봐.

음악에는 눈치 보고 그딴 거 없다. 기 싸움이야.

에너지로 눌러 버려. 아…. 흥분하지 말자.

〈 텐션 13의 예 〉

② 복잡하고 슬픈 마음을 표현하고 싶을 땐, b13

자 마지막으로 ♭13이야. 이 텐션은 도미넌트에서 많이 쓰여.
다음 악보를 볼까?

〈 ♭13의 예 〉

5도인 G7에서 그냥 13이면 미를 누르지만, 우리가 만약 ♭13인 ♭미를 누른다면 탑 노트가 반음으로 떨어지게 돼. 어떻게 보면 더 부드러운 진행이고 또 어떻게 보면 조금 더 슬퍼지는 사운드야. 이런 감을 키우는 거, 다시 한 번 말하지만 진짜 중요해. 많이 들어서 익숙하게 만들어.

자 이렇게 우리는 텐션이 종류와 쓰임새에 대해서 대충 알아봤어.
어때? 느낌 좀 오니?
중요한 건 너희들이 이것들을 외우고 음악에서 찾아낼 줄 아는 센스를 키우는 거야.
텐션은 무조건 쓴다고 좋은 것도 아니고 오히려 잘못 쓰면 음악을 망칠 수도 있어. 적당한 긴장감은 활력이 되지만 계속되면 어깨 뭉쳐… 아파 그럼….
명심해. 적재적소에 적당한 긴장감으로 기분 좋은 활력소를 만들기 위해 쓰는 것이 바로 텐션이라는 걸.

텐션의 정리

▶▶▶ 텐션은 1, 3, 5, 7의 코드 톤의 음들을 확장한 개념으로 그 위 9, 11, 13 음을 기본으로 한다.

▶▶▶ 텐션 나인에는 9, ♭9, #9가 있다. 9은 메이저 코드와 도미넌트에서 쓰인다. ♭9과 #9는 도미넌트에서 쓰인다.

▶▶▶ 텐션 11에는 그냥 11과 #11이 있다. 11은 마이너에서 쓰인다. #11은 메이저 코드에서 쓰인다.

▶▶▶ 텐션 13에는 그냥 13과 ♭13이 있다. 13은 도미넌트와 마이너에서 쓰인다. ♭13은 도미넌트에서 쓰인다.

4 노트 보이싱

가이드 톤에 텐션을 첨가한 재즈에서 쓰는
기본 보이싱인 4 노트 보이싱에 대해 배우고
싹 다 암기한다.

4 노트 보이싱 포지션 A, B

드디어 우리는 텐션까지 배웠어.

그런데 아마 글로 배워서 아직 완벽하게 이해는 안 될 거야. 보통 텐션을 어려워하는 이유는 그냥 단음이나 스케일로 설명을 들어서야. 직접 몸으로 느껴 보지 않았기 때문에 이해가 쉽지 않은 것 같아. 따라서 우리가 텐션을 가장 쉽게 느끼고 외울 수 있는 방법은 바로 보이싱을 통해서야. 화성의 변화를 느끼면 '아 이렇게 다르구나!'라는 걸 알 수 있어. 따라서 텐션과 조금 더 친해지는 거지. 앞에 가이드 톤 파트 기억나? 가이드 톤은 나무로 비교하면 가지라고 했지?

자 이제 이 가지에 잎사귀들을 입혀볼까?

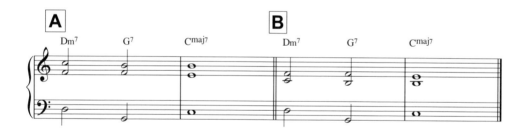

자 위의 가이드 톤 이제 껌이지?

여기에 우리는 나머지 코드 톤과 텐션을 합쳐 넣을 거야.

① 메이저 코드

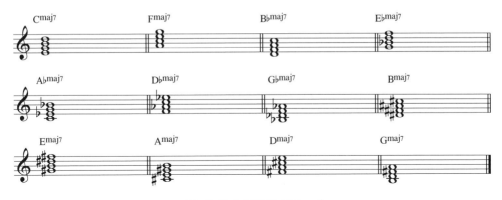

〈 3, 5, 7, 9 보이싱 12 key 〉

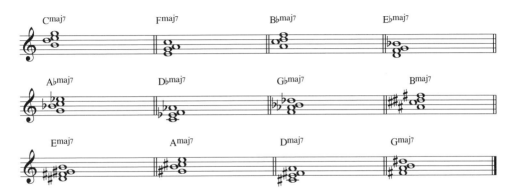

〈 7, 9, 3, 5 보이싱 12 key 〉

자 어때 소리가 달라졌지?

가이드 톤과 비교를 해 보면 소리의 차이를 확 느낄 수 있을 거야.

그리고 실제로 코드 톤 안에 가이드 톤이 숨어 있지? 재즈에서는 피아노로 코드를 칠 때 근음Root을 거의 안쳐. 그래서 'Rootless Voicing' 이라는 말도 써. 루트는 어차피 베이스가 누르기 때문에 굳이 안치는 거지. 그 손가락으로 텐션을 치면 또 다른 색깔의 물감을 쓰는 거라서 조금 더 화려하게 들리게 만들 수 있겠지?

② 마이너 코드

자 이번엔 마이너 코드를 해보도록 하자.

쉬워, 어떻게? 세븐스 코드와 마찬가지로 메이저에서 3음과 7음을 ♭시켜주면 마이너 코드가 되겠지?

〈 ♭3, 5, ♭7, 9 보이싱 12 key 〉

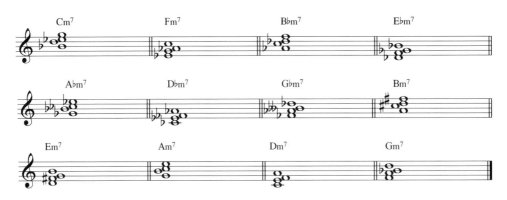

〈 ♭7, 9, 3, 5 보이싱 12 key 〉

어때? 풍성하지?

③ 도미넌트 코드

자 마지막으로 도미넌트 코드의 보이싱을 쳐 보도록 할까?
이것도 역시 쉽지? 메이저코드에서 7음만 ♭ 시켜 줄 거야.

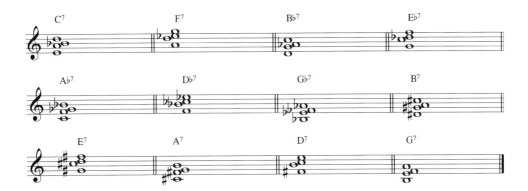

〈 3, 6, ♭7, 9 보이싱 12 key 〉

〈 7, 9, 3, 13 보이싱 12 key 〉

이제 이것들을 우리 2-5-1에 넣어보도록 할까?

처음엔 복잡하게 보일 수도 있는데 이거 치고 나면 아무것도 아니다. 그냥 무조건 쳐. 오케이? 그럼 분명히 쓸 타이밍이 와. 아니면 니가 연주할 때 아님 연습할 때 무조건 넣어봐. 이상하면 그냥 지나가지 말고 뭐지? 뭐가 문제지? 뭘 잘못했지? 이렇게 계속 생각하고 찾아내고 발견해 내. 그게 니가 할 일이야.

자 이렇게 이것들을 12 key로 외워야 해.

4 노트 보이싱 투 파이브 원

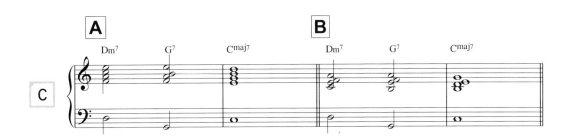

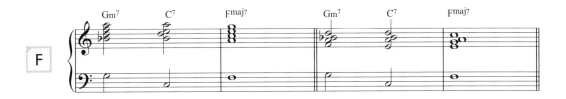

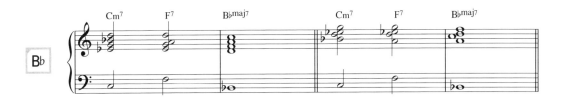

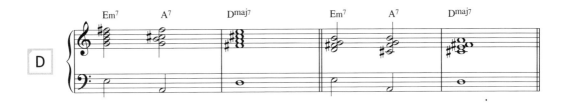

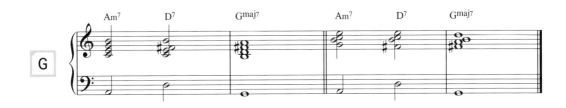

앞서 스케일 파트에서 말한 것처럼 한 키를 다 외울 때까지 한 키만 연습해서 소리를 외워두는 거야. 바로 기준을 잡는 거지. 그렇게 치다가 이 정도면 진짜 외웠다 하는 타이밍이 오면 키를 바꿔. 그런 식으로 하나하나 외워가는 거야. 알겠지?

자 근데 여기서 우리는 한 가지를 더 해보자. 바로 전에 배웠던 텐션이 어떻게 쓰이는지를 알아볼 거야. 교육은 원래 반복의 반복이거든. 따라서 뇌에 박힐 때까지 계속 얘기할 거야.

〈 2-5-1과 2-5(♭9)-1의 비교 악보 〉

자 어때 진짜 아련해지지?
이번엔 #9를 한 번 쳐볼까?

〈 2-5-1과 2-5(#9)-1의 비교 악보 〉

자 이번엔 ♭13 보이싱을 알아 보쟈.
말했듯이 집중해서 소리의 차이점을 느껴봐.

〈 2-5-1과 2-5(♭13)-1의 비교 악보 〉

자 이번엔 ♭9과 ♭13을 같이 썼을 때야.

〈 2-5-1과 2-5(♭9,♭13)-1의 비교 악보 〉

키야~~같은 진행인데 소리가 참 다르지?

이번엔 #11을 써보도록 해 보쟈.

〈 2-5-1과 2-5-1(#11)의 비교 악보 〉

되게 희망적이지?

이렇게 '텐션을 어떻게 사용 하느냐'에 따라서 곡의 뉘앙스가 많이 달라져. 이것들을 너희는 많이 들어보고 쳐보고 음악에서 찾아보고 경험을 쌓아야 해. 얼마나 걸리는 지 시간이 중요한 게 아니야. 익혀가는 과정과 몸에 뱄을 때의 성취감에 집중해봐.

아무 생각 없이 12 key로 아무 템포에서나 나와야 해.

4노트 보이싱 정리

▶▶▶ 4노트 보이싱은 9과 13을 쓴 보이싱이다.

▶▶▶ 루트는 안 누르고 가이드 톤과 마찬가지로 각 코드마다 음역대를 위해 2개의 포지션이 존재한다.

▶▶▶ 메이저 코드에는 텐션#11을 쓸 수 있다.

▶▶▶ 마이너 코드에는 텐션9을 쓸 수 있다.

▶▶▶ 도미넌트 코드에는 텐션 9, ♭9, #9, 13, ♭13을 쓸 수 있다.

▶▶▶ 12 key로 아무 생각 없이, 아무 속도에서나 바로바로 나올 때까지 연습을 해야 한다.

WEEK 13

스윙 리듬

재즈를 재즈처럼 들리게 해주는
스윙 리듬을 몸에 익히고
수많은 재즈곡들을 들으면서 카운팅을 해본다.

보통 사람들이 재즈라는 음악을 어려운 음악이라고 생각을 해. 심지어 이 책을 읽고 있는 너 또한 재즈가 어렵다고 생각하고 이렇게 공부를 하려고 책을 보고 있지.

재즈가 어렵게 느껴지는 이유와 그렇게 된 이유를 간단하게 설명해줄게.
일단 재즈가 어렵게 들리는 요소에는 몇 가지가 있는데 그 중 하나는 반음계를 사용한다는 점이야. 우리의 귀는 보통 온음계, 즉 다이아토닉 내의 음에 익숙해져 있어. 만약 우리가 어렸을 때부터 이 반음계에 대해 교육을 받았다면 우리는 반음계에 대한 거부감이 없을 거야. 사실 음악은 공부할수록 대중과 멀어진다고 할 수 있어. 왜냐하면, 보통 뮤지션들은 점점 복잡하고 어렵고 재미있는 것을 향해 연습하니깐. 그러다가 반음계와 어려운 디미니쉬드 코드 등을 사용하게 되지. 하지만 결국 음악은 감성이야. 따라서 니가 음악을 할 때 사실 무조건 어려워야 한다. 남들은 못하는 걸 꼭 해내야 한다. 이런 무식한 생각은 버려. 너의 음악에 이런 요소들이 필요하다 이럴 때 연습하는 거야.

암튼 재즈라는 음악을 어렵게 만드는 또 다른 요소는 바로 리듬이야.
그중에서도 비트를 쪼개야 하는데 우리가 안 익숙한 비트라서 그래. 재즈라는 음악은 100년 전, 흑인들이 미국에 노예로 끌려오면서 시작된 음악이야. 흑인이 백인의 화성을 배우면서 그들의 리듬과 소울을 넣은 음악이지. 따라서 재즈는 흑인의 리듬과 백인의 화성이 만난 음악이야. 사실 생각해 보면 우리는 서양음악 교육을 받았기 때문에 원 투 쓰리 포며 사박자 개념이며 화성의 개념이 있는 거야. 미국, 유럽을 제외한 제3 세계음악, 즉 동양음악, 국악 등은 화성이 없어. 선율과 리듬이 주가 되는 음악들이지. 따라서 서쪽 아프리카에서는 그들만의 리듬이 있었겠지? 이 리듬이 재즈 리듬의 기원이 돼.

흑인들이 리듬감이 좋은 이유는 이렇게 그들의 조상 때부터 리듬에 피가 끓어서 그런 거야. 마치 우리 민족에게 뽕필이 탑재되어 있듯이…. 그런데 또 어떻게 생각해 보면 문화의 차이이기도 하고. 암튼 뭐 각자 알아서 생각하고 우리가 재즈를 재즈처럼 들리게 하기 위해서는 재즈의 리듬을 몸에 익혀야 해. 그렇게 되면 한 음 가지고도 멋지게 리드미컬하게 솔로를 할 수 있어.

자 이제부터 진지하게 배워보자.

스윙 리듬 Swing Rhythm

자 위의 악보는 스트레이트로 친 메이저 스케일이야.

그런데 말이야 흑인들의 리듬을 서양음악과 비교를 해서 분석을 해보았더니 그들은
이러한 리듬과 가장 가까운 비트를 연주하고 있었어.

바로 3연음, 우리가 흔히 알고 있는 셋잇단 음표야.

재즈라는 큰 테두리 안에는 스윙Swing이라는 장르가 있어. 1920년대에 미국에서 유
행했던 재즈의 장르인데 이 음악이 바로 재즈의 대표적인 리듬을 갖고 있어. 스윙이라
고 하면 부드러워야겠지? 따라서 3연음을 사용하는 거야.

① 스트레이트 리듬

② 삼연음 리듬

③ 스윙 리듬 A

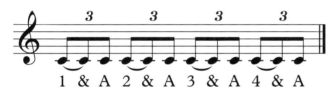

④ 스윙 리듬 B

모든 음악에는 엑센트Accent가 있어. 그렇게 엑센트로 다이내믹과 음의 맛을 표현한다고 생각하면 될 듯해. 또한, 재즈에서는 큰 엑센트가 있어. 우리는 어렸을 때 4분의 4박 음악에서 엑센트는 '강 약 중강 약' 이렇게 배웠지? 이건 클래식에서 쓰는 엑센트야. 하지만 안타깝게 재즈에서는 정반대의 엑센트를 가지고 있어. 그리고 위의 악보는 아래의 리듬으로 연주가 되어야 해.

약 강 약 강 약 강 약 강   약 강 약 강 약 강 약 강

4분의 4박을 기준으로 약 강 약 강의 형태로 엑센트가 있어.

우리에겐 전혀 익숙하지 않은 리듬의 엑센트야. 그래서 어렵게 들리고 불편한 거야. 하지만 몸에 익으면 그루브한 음악을 표현하는데 최고의 엑센트야.

보통 우리나라 사람은 4분의 4박의 음악에서 첫 번째 박자와 세 번째 박자에 박수를 쳐. 하지만 미국 사람들은 두 번째 박자와 네 번째 박자에 박수를 쳐. 투 포에 치는 거야. 그런데 이게 신기한 게 투 포에 박수를 치면 곡의 그루브가 살아. 원과 쓰리에 박수를 치면 점점 쳐지게 되고.

따라서 우리는 음악을 들을 때 투와 포에 박수를 치는 것도 연습을 해둬야 해. 근데 뭐 난 평생 트로트만 하겠다. 그럼 기냥 원과 쓰리에 박수 쳐도 돼. 하긴 그런 애들은 이 책 읽지도 않겠지…. 암튼 그래서 우리는 재즈 리듬으로 스케일을 칠 때 이렇게 쳐야 스윙처럼 들려.

기억해야 해. 음악을 들으면서 카운팅이 돼야 하고 박수를 치면서 박자를 맞춰야 해. 박수 치면서 듣는 게 쉬울 거 같지? 이건 나중에 타임 키핑이라는 중요한 요소가 돼. 평소에 훈련하자.

이것들을 완전 몸에 익숙해질 때까지 박수를 치고 스케일을 연습했다면 이제 스윙 음악을 많이 들어봐. 대표적으로 난 Ray Brown trio의 전곡을 추천해. 유튜브나 CD로 음악을 찾아서 들어봐. 나 땐 말이야. 인터넷 이런 거 없었다. 무조건 기냥 음반가게 가서 CD 사서 듣고 따라치고 이랬어. 그래서 음악이 귀했어. 하지만 지금은 방구석에서 전 세계와 소통할 수 있잖아. 참 편하다 그치? 그니깐 감사한 마음으로 음악을 들어야 해. 리듬과 친해지기 위해 삼촌이 대표적인 스윙 곡과 아티스트들을 좀 추천해줄게.

유튜브 앞으로 고고싱.

앗 참 그리고 한 곡당 엄청 많은 버전의 곡들이 있을 거야.

다 찾아서 들어봐. 재즈는 자유로운 음악이라는 말 바로 이럴 때 쓰는 거야.

하지만 이렇게 치기 위해서 정말 많은 연습을 해야 해. 그렇지 연습에는 자유롭지 못해. 이런 과정을 통해 자유는 끝에 맛보는 거야. 그렇지. 속은 거지…

하지만…. 파이팅

다음 곡들은 'The Real Book'이라는 전 세계 뮤지션들이 보는 재즈 스탠다드 재즈 곡의 목록에서 뽑은 중요한 곡들이야. 유튜브에서 제목을 치면 다 있는 곡들이야. 그만큼 필수로 들어야 하고 중요한 곡들이야. 시간 날 때마다 들어봐.

원래 리얼북은 2권짜리 책이야.

예전엔 리얼북 시디라고 해서 곡목 리스트에 있는 곡들의 모두 다른 버전을 넣은 시디가 열 몇 장으로 있었어. 그걸 듣고 공부하고 그랬었지. 음악에 결국 모든 답이 있다는 거 잊지 마.

The Real Book

A

1. Afro Blue

2. Afternoon In Paris

3. Airegin

4. Alice In Wonderland

5. All Blues

6. All Of Me

7. All Of You

8. All The Things You Are

9. Angel Eyes

10. Anthropology

11. Au Privave

12. Autumn In New York

13. Autumn Leaves

B

14. Beautiful Love

15. Bessie's Blues

16. Bewitched

17. Black Nile

18. Black Orpheus

19. Blue Bossa

20. Blue In Green

21. Blue Monk

22. Blues For Alice

23. Bluesette

24. Body And Soul

25. Bright Size Life

26. But Beautiful

27. Butterfly

C

28. Ceora

29. Cherokee (Indian Love Song)

30. A Child Is Born

31. Confirmation

32. Could It Be You

D

33. Desafinado

스윙 리듬 정리

▶▶▶ 3연음을 기반으로 연주되어야 한다.

$$♫ \quad = \quad \overset{\overset{3}{\frown}}{♪♪}$$

▶▶▶ 크게는 2와 4에 엑센트가 있다. 이것은 재즈 뿐만 아니라 힙합, R&B 등
모든 흑인 음악에 적용된다.

WEEK 14

2-5-1 진행으로 컴핑과 스케일 연습

재즈를 재즈처럼 들리게 해주는
스윙 리듬을 몸에 익히고
수많은 재즈곡들을 들으면서 카운팅을 해본다.

2-5-1 진행으로 컴핑과 스케일 연습

피아노는 양손으로 치지?

연주할 때 보통 오른손으로는 멜로디와 솔로를 치고 왼손으로는 코드를 쳐서 오른손을 도와줘. 왼손을 연주할 때 사실 몇 가지 대표적인 주법이 있어.

바로 Ragtime, Walking Bass 등의 주법이 있는데 이것들은 나중에 배우기로 하고… (너무 궁금한 고구미는 삼촌의 또 다른 명서 '재즈치고 자빠졌네 E-book'을 구입해서 읽어봐)

일단 우리는 기본적으로 재즈에서 연주되는 왼손 주법을 알아보자.

오른손이 연주하는 중에 왼손으로 치는 주법을 컴핑Comping이라고 불러. 이 단어는 사실 'Accompanyment'이라는 단어야. 우리말로는 '반주하다'라는 뜻인데 여기서 'Comp'를 떼어와서 ing를 넣어 명사로 만들었어. 암튼 이 컴핑은 재즈 피아노에서 아주 중요한 주법이야.

우선 우리는 왼손으로 칠 수 있는 가장 기본적인 주법에 대해 알아보도록 하자꾸나…. 모든 보이싱에는 음역대를 위해서 두 가지 포지션이 존재한다는 거 기억하니? 지금부터 배울 왼손 주법에도 두 가지 포지션이 존재해. 바로 1, 7 보이싱과 1, 3 보이싱이라는 거야. 다음의 표와 같이 1도와 7도를 쳤다면 다음 코드는 1도와 3도를 누르는 보이싱이야. 보통 발라드에서 많이 쓰이는 왼손 주법이야.

Position A			Position B		
IIm7	V7	IM7	IIm7	V7	IM7
7	3	7	3	7	3
1	1	1	1	1	1

C key에서 한 번 예를 들어볼까?

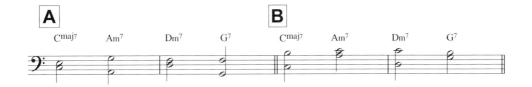

자 이렇게 왼손을 칠 수가 있어.

이때 우선 오른손으로 스케일을 스윙 리듬으로 칠 수 있겠지?

이 보이싱은 왼손으로 루트를 누르지만 사실 재즈에서는 앙상블을 할 때 베이스 플레이어가 루트를 치기 때문에 피아니스트는 왼손으로 루트를 안친다고 4노트 보이싱 배울 때 내가 한 말 기억나지? 기억해야 한다.

음악에는 보통 음역대가 있어.

피아노 안에서도 저음, 중음, 고음 이렇게 세 가지로 음역대는 나뉘어. 보통 저음은 단음이나 옥타브를 치지. 그렇지 근음을 쳐. 중음에서는 코드를 쳐. 코드를 치는 방법도 여러 가지야. Closed Voicing이라고 해서 음을 가깝게 코드를 치는 방법도 있고, Open Voicing이라고 해서 최대한 코드를 넓게 치는 방법도 있어. 그리고 고음에서는 옥타브를 주로 치지.

사실 우리는 이미 Closed Voicing을 위에서 배웠어. 바로 4노트 보이싱이야. 생각해 보니 음의 폭이 좁잖아.

자 이걸 이제 왼손으로 칠 거야.

그런데 이제부터는 4노트 보이싱에 리듬을 넣어서 쳐보도록 하쟈.

컴핑을 할 때는 음역대가 대충 정해져 있어. 왜냐하면, 너무 낮으면 뭉개지는 소리가 나고 너무 높으면 떠 있는 느낌이 있고. 또한, 오른손 멜로디랑 부딪힐 수도 있으니 적당한 음역대에서 쳐야 안정적이고 좋은 소리가 나.

따라서 컴핑을 할 때 가장 낮은 음역대의 리미트Limit는 바로 D3야.

88건반 맨 아래에서 세 번째 D야. 그리고 가장 높은 음역대는 G4야.

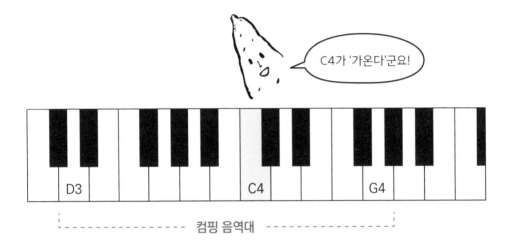

이 안에서 우리는 모든 12 key의 메이저, 마이너, 도미넌트 코드들을 다 칠 수 있어.

물론 포지션 A와 B를 잘 골라야겠지? 우선 2-5-1 안에서 12 key로 보이싱을 칠거야.

자 이제 본격적으로 리듬을 넣어보자.

① 4비트

박자에 맞춰서 4번씩 쳐보는 거야. 사실 이 주법은 가요 발라드에서 많이 쓰이는 주법이지만 재즈에서도 쓰여. 스윙 기타가 보통 이렇게 쳐. 2와 4에 엑센트를 주면 조금 더 음악의 맛이 살아나. 바로 그루브가 생기는 거지. 처음에는 티 나게 세게 엑센트를 주다가 익숙해지면 힘을 조금씩 빼봐. 그럼 부드러운 연주가 될 거야. 제일 중요한 건 니가 스스로 치면서 잘 들어야 해. 온전히 그루브에만 집중할 수 있도록. 스케일 때와 마찬가지로 코드 톤이 헷갈려서 박자를 못 맞추는 일은 없어야 해. 알겠지?

4비트 컴핑 12 key

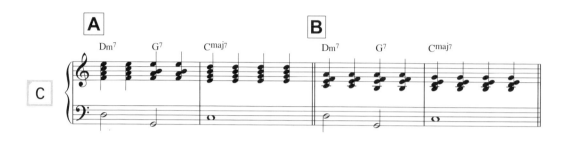

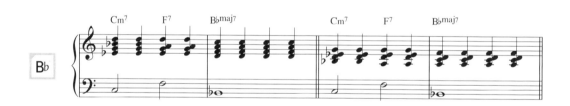

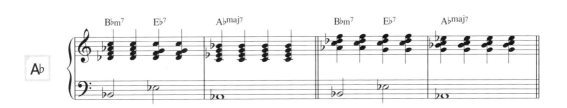

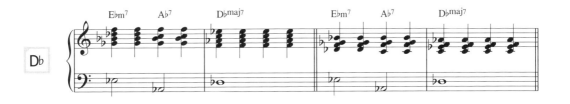

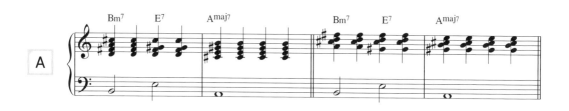

② Charleston's 리듬

서양음악은 보통 짝수개념의 마디로 가.

이 패턴은 초창기 재즈의 대표적인 리듬이야. 두 마디 패턴으로 되어 있지?

빅밴드의 음악을 많이 들어보면 보통 관악기들이 이런 주법으로 많이 연주돼.

여기서 중요한 건 엑센트야. 강은 강하고 짧게 스타카토로 치고 약은 길게 레가토로
쳐야 해.

첫 박이 약박이라서 헷갈릴 거야. 하지만 어쩌겠니, 익숙해져서 부드럽게 될 때까지 오
직 연습뿐이 없어. 기냥 될 때까지 해봐. 언젠간 되겠지. 파이팅.

Charleston's 리듬 변형

③ 당김음 리듬 Syncopation

재즈를 재즈처럼 들리게 만드는 또 다른 리듬의 요소 중 하나는 바로 당김음이야. 이
거 이거 헷갈릴 거야. 하지만 또 뭐 어쩌겠니. 해야지.

근데 말이야 결국 해내고 나면 아무것도 아니야. 쉬워.

안 해본 애들이나 이거 어떻게 해요? 어려워요. 이러고 있지.

결국 해낸 사람들은 여유가 넘쳐. 근데 그게 그냥 됐겠니?

죽어라 연습하고 난 후에 웃는 거지. 야 너두 할 수 있어. 대신 참고 독하게 해.

계속 당겨서 치는 거야. 스타카토로 끊어서.

그럼 긴장감이 연출돼. 너의 연주에서 긴장감이나 통통 튀는 맛을 표현하고 싶을
때 이 주법을 쓰면 그런 효과가 연출이 되지. 레드 갈란드라는 재즈피아니스트 선
생님께서 이 주법을 특히 많이 써. 유튜브로 들어가서 레드 갈란드 선생님의 컴핑
을 주의 깊게 들어 봐봐.

계속 당겨…. 근데 매력 넘쳐. 너도 흉내 내봐.

자 이렇게 대표적인 리듬 세 가지를 우리는 배웠어.

그런데 말이야 재즈는 자유로운 음악이라서 답이 없어. 지금 배운 세 가지의 리듬은 가장 기본이 되는 리듬일 뿐 항상 이렇게 쓰이지 않아. 수백 가지 경우의 수가 있겠지? 어울리면 쓰면 되는 거야. 그렇다고 안 어울리는데 무조건 우기지 말고…. 다 티나…. 많이 쳐본 사람들은 얘가 알고 치는지 모르고 치는지 다 들으면 알아. 왜냐면 이미 다 걸어온 길이니깐. 따라서 속임수는 안 통해. 이게 컨셉인지 진짜 막 치는지 안 들키려면 열심히 연습해.

자 이렇게 세 가지 방법으로 우리는 왼손의 기초를 완성했다면 이젠 오른손을 첨가해 볼까? 위에서 스윙 리듬을 배웠지? 바로 써먹어 보자.

왼손으로 배운 세 가지 리듬에 오른손으로 스윙 리듬으로 된 스케일을 쳐 보쟈.

그렇지 여태까지 배운 모든 것들이 컴비네이션 되는 거야.

보이싱과 리듬을 다 합쳐서 이렇게 쳐보는 거야.

컴핑과 스케일 연습

① 4비트

② Charleston's 리듬

③ 당김음 리듬

WEEK 15

워킹베이스 & 래그타임

재즈피아노의 대표적인 왼손 주법인
워킹 베이스와 래그타임 주법에 대해 배워보자.

워킹베이스 Walking Bass

이번에는 우리가 피아노를 혼자 칠 때 쓸 수 있는 주법을 배워 볼 거야.

이미 우리가 배운 대로 Rootless Voicing은 루트를 안쳐. 베이시스트가 있거나 왼손으로 베이스를 칠 때 오른손으로 코드를 칠 수 있어. 이때 왼손으로 베이스를 치는 방법이 있어. 실제로 콘트라베이스가 치는 방법인데 우리 이걸 피아노로 치는 법을 배워보자.

사실 워킹 베이스와 랙타임에 대한 설명은 삼촌의 명서 '재즈치고 자빠졌네' 에 자세하게 설명이 되어 있지만, 또 이 책이 '재즈피아노의 정석' 아니겠니. 재즈 피아노에서 연주되는 대표적인 주법인데 빠지면 섭섭하지. 다시 한번 설명해 줄 테니 잘 듣거라.

자 워킹 베이스의 주법에 대해 설명해줄게. 스윙의 전성시대였던 1920년대부터 시작되고 유행했던 주법이야. Walking의 뜻은 '걷다' 야. 마치 걷는 것처럼 한 걸음 한 걸음 연주된다고 생각하면 돼. 따라서 4분의 4박자 곡에서 4분음표로 한 박자씩 연주가 돼.

자 그러면 어떻게 연주를 하는지 천천히 알려줄게. 잘 들어봐.

♩　　♩　　♩　　♩

이렇게 네 박자에 각각 네 개의 음을 쳐.

스윙 음악을 잘 들어보면 둥 둥 둥 둥 하고 네 번씩 맨 아래 음이 묵직하게 들릴 거야.

이것이 바로 워킹 베이스야. 삼촌은 워킹 베이스 연습할 때 레이 브라운 선생님의 베이스를 많이 들었어. 워킹 베이스의 교과서 같은 분이셔. 너희도 찾아서 한번, 아니 계속 들어. 스윙감이 엄청 좋아질 거야.

자 그럼 각 각의 박에 어떤 음을 넣는지 알아보자.

첫 박	둘째 박
코드의 근음	근음과 가까운 스케일의 음 중 하나 or 코드 톤 (1, 3, 5, 7, 9)
셋째 박	넷째 박
둘째 박과 가까운 스케일의 음 중 하나 or 코드 톤 (1, 3, 5, 7, 9)	그 다음 나올 코드의 반음 or 온음 위/아래 음 (흔히 어프로치노트라고 불러)

자 좀 복잡해 보이지? 하지만 쳐보고 나면 별거 아니야.
위의 표들을 우리 한번 2-5-1에 넣어보도록 하자.
이해가 안 되면 뭘 이해하려고 하지 말고 그냥 쳐봐. 그리고 외워.
그리고 나면 이해가 될 거야. 자 다음 스텝을 따라가 보자.

Step 1

일단 왼손은 루트만 4번을 쳐볼까?

Step 2

자 이번에는 근음을 두 번 치고 마지막 두 박을 5음으로 쳐보는 거야.
이렇게만 쳐도 소리가 많이 달라져.

Step 3

자 이번에는 조금 더 복잡해.
아까 워킹 베이스의 마지막 박에 뭘 친다고 했지?
그다음 나올 코드의 반음이나 온음 위나 아래라고 했지?
재즈에서는 보통 반음을 많이 써.
자 그럼 이번에는 이렇게 쳐보자.
마지막 박자에 어프로치 노트를 넣어보는 거야.

Step 4

자 이번엔 우리 5음 대신 조금 더 부드러운 진행을 위하여 스케일 음을
넣어보자. 마이너 코드에서는 당연히 마이너 스케일인 도리안을 쓸 거야.
도미넌트 코드에서는 믹솔리디안, 메이저 코드에서는 아이오니안을 써보
도록 하자.

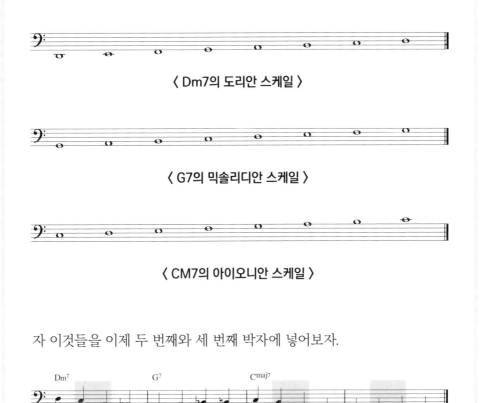

〈 Dm7의 도리안 스케일 〉

〈 G7의 믹솔리디안 스케일 〉

〈 CM7의 아이오니안 스케일 〉

자 이것들을 이제 두 번째와 세 번째 박자에 넣어보자.

어때 이제 조금씩 워킹 베이스처럼 들리지?

자 그런데 베이스라는 악기도 음역대가 있을 거 아냐? 우리가 끝없이 내려갈 수도 없고 끝없이 올라갈 수도 없어. 따라서 삼촌은 두 개의 패턴을 만들었어.

2-5-1의 진행을 네 마디로 만든다면

이렇게 두 개의 패턴을 만들어 봤어. 또한, 두 마디를 상행, 두 마디를 하행하면 또다시 두 마디는 하행, 두 마디는 상행, 이렇게 총 4개의 패턴이 만들어져. 이야 이게 뭐 글로 설명하려니 어렵다. 그렇다면 우리 악보로 보고 직접 쳐보면 되겠다. 그치? 따라 쳐봐.

자 어때 직접 쳐보니깐 쉽지? 아무것도 아니지? 이것들을 이제 12 key로
쳐보고 외우는 게 어렵지. 하지만 결국 또 하고 나면 어렵지 않아.

자 외워 보도록 하자.
여태까지 했던 것처럼 아무 생각 없이 12 key로 아무 템포에서 정확하게
나올 때까지.

래그타임 Ragtime

'Rag'라는 건 '엇갈린, 일그러진'이라는 뜻이야. 여기서 'Time'은 마디를 말해. 즉흥연주가 시작되기 전인 1800년도 말에 흑인들은 그들만의 리듬으로 피아노를 치기 시작했어. 바로 당김음을 사용하면서 마디를 앞서가서 사람들은 래그타임Ragtime 이라고 부르기 시작 한 거야.

그런데 당김음은 보통 오른손이 많이 나오고 왼손은 역시 안정적으로 받쳐주기 위해서 워킹 베이스와 마찬가지로 정박으로 4박이 연주돼. 그런데 이 주법은 쿵짝 쿵짝 이런 느낌으로 경쾌하게 연주가 돼. 우리에게 가장 많이 알려진 대표곡으로는 'The Entertainer'라는 곡이 있어.

다들 들으면 아 이 곡~ 하고 아는 아주 유명한 곡이야. 스캇 조플린이라는 대표적인 뮤지션의 곡이지.

자 이제 어떻게 치는 건지 한번 알아볼까? 가장 기본적인 래그타임의 주법이야.

첫 박	둘째 박	셋째 박	넷째 박
근음 (옥타브로 연주)	코드 (가이드 톤 or 4 Note Voicing)	코드의 다섯 번째 음 (옥타브로 연주)	코드 (가이드 톤 or 4 Note Voicing)

이것도 무슨 말인지 모르겠지?

자 이번에도 한번 직접 쳐보자.

백문이 불여일견이라고 직접 해보면 다 이해돼.

〈 2-5-1 래그 타임 〉

자 이렇게 두 가지의 주법은 사실 재즈 피아노에서는 필수 기본 주법이라고 보면 돼. 12 key는 기본이고 어느 속도에서든 오른손이 뭘 치던 왼손은 이 주법들을 자유자재로 칠 수가 있어야 해. 그래야 어디 가서 나 재즈 좀 쳐~ 이렇게 나처럼 자랑하고 다닐 수 있어.

대화

고구미   선생님…. 래그타임 너무 헷갈려요….

나   어 그래.

WEEK 16

블루스 & 리듬체인지

재즈의 기본 장르인 블루스, 리듬 체인지의
코드 진행에 대해 공부하고
그 진행을 아무 생각 없이 나올 때까지 외운다.

블루스 Blues

지금까지 우리는 재즈 피아노를 연주하기 위한 꽤 많은 재료를 배웠어.

사실 지금까지 배운 것들로 조금만 응용을 한다면 우리는 당장 곡을 칠 수 있어.

완벽하지는 않지만 배운 한에서 최대한 음악적으로 만들려는 노력이 있다면 얼마든지 멋진 연주를 할 수 있어. 실제로 음악적 재능은 이런 데서 나오는 것 같아. 무조건 많이 치고 화려하게 치는 것만이 음악이 아니고 어떨 때는 단순함에서 멋진 에너지가 나올 수도 있는 거야. 결국, 음악은 감정의 표현이니 한음을 눌러도 멋진 소리가 들리도록 노력하는 자세가 필요해.

보통 재즈 뮤지션들이 서로 처음 만나서 연주를 하는 것을 Jam이라고 불러.

모르는 사람들이 보면 놀랄 일일 것 같기도 해. 아니 처음 본 사람들끼리 어떻게 연주를 같이 할까? 그들은 실제로 처음 만났고 같이 연주하는 것도 처음이야. 하지만 이것들이 가능한 것은 그들만의 약속이 있기 때문이야. 아주 가끔 정말 아무것도 안 정하고 느낌으로 가는 경우도 있지만 대부분 뮤지션들이 잼을 할 때는 최소한의 형식은 정해 놓고 시작해. 예를 들면 잼을 할 곡의 key라든지 코드 진행, 장르 등은 연주 전에 간단히 이야기하고 시작하지. 그중에 가장 많이 쓰는 진행이 바로 지금부터 배울 블루스나 리듬 체인지라는 재즈의 장르야.

1910년도 즈음에 미국에서는 노예로 끌려온 흑인들이 그들의 삶을 노래와 연주로 표현하기 시작해. 흑인들이 미국으로 끌려와서 목화밭, 밀밭에서 그들의 억울하고 괴로운 삶을 노래로 표현한 것이 나중에 'Soul'이 되고 그들이 기독교를 믿으면서 성경을 읽어야 하는데 교육을 못 받아서 글을 못 읽어. 결국, 목사님이 성경을 노래로 불러주고 그걸 따라 부르는 형식의 음악이 탄생해. 이걸 'Call & Response' 라고 부르고 그렇게 음악을 하기 시작해. 그리고 동네에서 슬프거나 기쁘거나 쉴 때나 그들의 감정을 노래로 표현하게 되지.

이게 바로 블루스라는 장르야. 재즈의 시초가 되기도 해. 따라서 블루스 솔로를 잘하면 재즈의 즉흥연주도 잘 할 수 있어. 사실 뭐 블루스의 역사에 대해 더 길게 얘기하면 끝이 없어. 따라서 음악의 기능적으로 간단하게 이야기를 하자면 블루스는 '곡의 형식'이야. 블루스는 ① 12마디로 구성된 곡이야. ② 블루 노트Blue note라는 음계를 주로 사용해. 하지만 모든 음계를 다 사용할 수 있어. 블루노트의 특성상 메이저/ 마이너 구분이 없어.

① Rural Blues

자 블루스의 코드 진행을 알려줄게.

처음에 우리가 배울 블루스는 바로 'Rural Blues'라고 해. 루랄은 시골이라는 뜻이야. 그렇지. 시골 동네에서 연주되던 블루스야. 따라서 단순하겠지?

가만 보면 주요 3화음(1도, 4도, 5도) 코드가 쓰여.

Rural Blues 진행

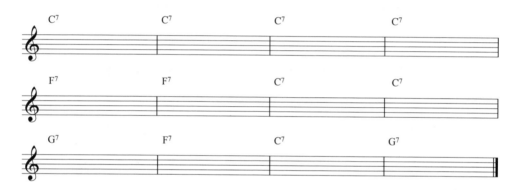

② Swing Blues

자 이런 단순한 진행의 블루스는 스윙 시대로 넘어가면서 2-5-1이 들어가고 Turn Arround(곡의 처음으로 돌아가기 위해 부드럽게 만든 진행, 1-6-2-5)라는 진행도 들어가고 점점 복잡해져서 결국 지금 우리가 듣는 스윙 블루스의 진행이 탄생해.

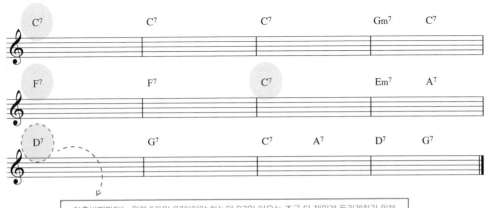

Swing Blues 진행

> 아홉번째마디는 원래 5도인 G7이어야 하는데 D7인 이유는 조금 더 재밌게 들리게하기 위해 5도의 투를 사용했기 때문이야. 2는 5랑 연결된 얘야. 이런걸 '릴레이티드 2 마이너' 라고 불러.

이렇게 변해도 블루스인 이유는

첫 번째 박자의 코드가 I7

다섯 번째 박자의 코드가 IV7

일곱 번째 박자의 코드가 I7

아홉 번째 박자의 코드가 V7

이 성립되기 때문이야.

이 조건이 갖춰지면 블루스의 코드 진행이라고 볼 수 있어.
나머지 코드들은 바뀌어도 상관이 없어.

자 이렇게 바뀐 블루스의 코드 진행들을 알아보도록 하자.

다음의 나오는 코드 진행은 최소한 가이드 톤으로 아무 생각 없이 나와야 해.

블루지한 솔로는 바로 블루 노트라는 스케일에서 나오는 거야.

블루 노트 스케일의 구성음은 '1, ♭3, 4, ♭5, ♭7, 1'이야.

〈 블루 노트 스케일 〉

블루 노트를 스윙 리듬으로 쳐 보도록 하쟈.

그리고 제일 중요한 거 한 가지. 블루스를 많이 들어야 그 느낌을 살릴 수 있다는 거 잊지 마.

블루 노트 12 key

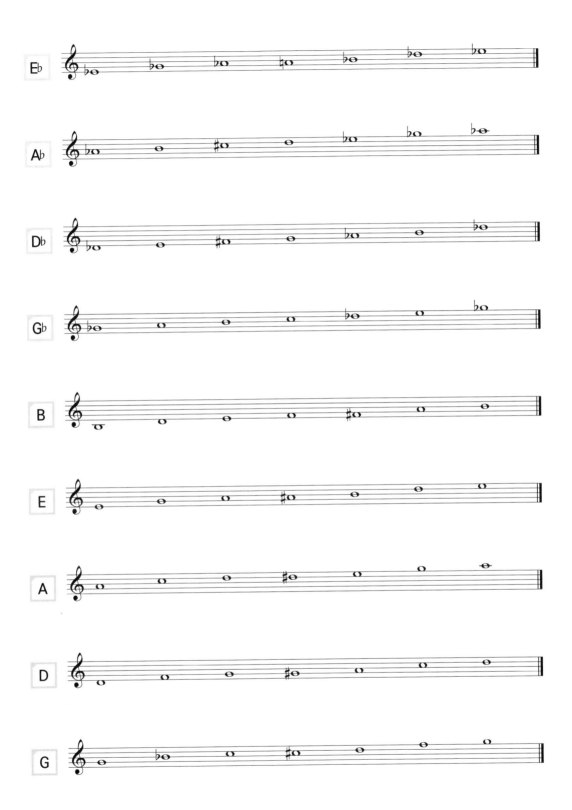

리듬 체인지 Rhythm Change

1930년대 흑인 뮤지션들은 돈이 없었어. 그래서 음악을 하면서도 저작료를 낼 수가 없었대. 그런데 조지 거쉰이라는 유명한 뮤지컬 작곡가가 있었어.

그가 작곡한 'I got rhythm'이라는 곡이 선풍적인 인기를 끌고 그 곡은 재즈 연주자들에게 많이 연주되었지. 흑인 연주자들은 그 곡의 코드 진행을 따와서 자신들만의 즉흥연주를 했어. 이것이 바로 리듬 체인지의 시초야. 'I got rhythm'을 change 했다고 해서 리듬 체인지라는 이름이 붙여졌을 거야. 형식적으로 보면 'AABA'의 폼을 가진 32마디의 곡이야. 이 리듬 체인지는 블루스와 함께 재즈에서는 꼭 연주되는 아주 중요한 형식의 곡이야.

대표 연주곡으로는 찰리파커와 디지 길레스피의 'Anthropology, Dexterity, Moose the Mooche', 소니 롤린스의 'Oreo', 마일스 데이비스의 'The Theme' 등이 있어. 비밥 시대에 유행했던 장르기 때문에 처음 들었을 땐 어이없이 빨라. 하지만 계속 들어서 그 진행을 이해하고 나서 들으면 또 음악이 들려. 음악은 아는 만큼 들린다. 따라서 많이 들어야 해. 유튜브에서 리듬 체인지를 쳐보고 수없이 들어봐.

그리고 넌 천천히 60부터 쳐.

'찰리 파커 옴니북Charlie Parker Omni Book'이라는 책을 찾아서 구해. 그리고 그 안에 있는 곡들을 모조리 외워봐. 컴핑도 만들어서 쳐 보고 워킹 베이스도 만들어서 쳐 보고 멜로디와 솔로를 모조리 외워. 그럼 솔로에 대한 해답이 점점 보이기 시작할 거야. 물론 그 길이 쉽지는 않아. 하지만 니가 끝없이 목말라 있으면 답은 나오게 되어 있어.

자 리듬체인지의 형식을 볼까? 다 필요 없고 이 진행을 그냥 외워서 니가 리듬체인지를 들었을 때 이 진행이 머릿속에서 그려지고 손가락은 이미 치고 있어야 해.

리듬 체인지

자 이렇게 우리는 두 가지 대표적인 재즈의 형식을 배웠어.

블루스와 리듬체인지는 이제 워킹 베이스와 래그타임, 그리고 4노트 보이싱으로 연주가 되어야 해. 처음엔 어렵게만 느껴지고 느리고 답답하겠지만 천천히 악보를 하나씩 하나씩 그려가면서 그 코드 진행과 전체적인 흐름을 느껴봐. 막상 하면 '별거 아니네?' 하고 '재밌네!'라는 느낌과 함께 더욱더 많은 곡을 쳐보고 싶을 거야. 그럼 그렇게 많은 곡을 듣고 너도 한번 흉내 내보면 돼.

전에도 말했듯이 실력이 느는 건 별거 아니야. 못 치던 걸 이제는 칠 수 있다는 것. 그게 바로 니가 발전했다는 증거야. 욕심을 버리고 천천히 해보자. 위의 사항들을 명심하고 천천히 한 곡, 한 곡 완성해 나가보자. 이 책 말고도 너무 훌륭한 재즈책들이 서점에는 쌓여있어. '리얼북'부터 대가들의 연주를 카피, 트랜스크립 해 놓은 책도 있고 또 다른 유형의 설명으로 접근한 재즈피아노 교본도 있어. 다 사서 무조건 많이 읽어보고 기초를 다지도록 해보자.

대화

고구미 선생님 이제 저 스윙 반주는 잘 할 수 있을 거 같아요.

나 여전히 소리가 너무 구린데…. 감정을 넣어봐 감정을…. 기계냐? 왜 이렇게 딱딱해? 강하지만 부드럽고 자신감 있는 소리, 부드럽지만 알맹이 있고 자신감 있는 소리를 내란 말이다.

고구미 그게 무슨 말씀이세요? 도대체……?

곡의 연습 방법

1 모든 곡은 bpm 60부터 천천히 연습한다.
2 멜로디, 코드 진행(코드를 비롯한 스케일)은 무조건 암기 되어 있어야 한다.
3 곡을 빠르게 치는 것보다는 정확성, 즉 디테일이 중요하다.

시간이 중요한 것이 아니고 목표를 세우고 그 목표를 달성했느냐가 중요해.
따라서 집중해서 연습을 하면 빨리 실력이 늘 수 있어.

첫 번째 방법

오른손	컴핑 3가지 리듬 with 가이드 톤/ 4 노트 보이싱 이 때 입으로 멜로디를 부른다.
왼손	1) 근음으로만 연주 2) 익숙해지면 워킹 베이스를 만들어서 연주

두 번째 방법

오른손	곡의 멜로디(Head/ Theme)
왼손	워킹 베이스/ 랙타임 주법으로 연주

세 번째 방법	
오른손	스케일 (곡의 코드와 마디에 맞게 상행/ 하행)
왼손	컴핑 3가지 리듬 with 가이드 톤/ 4 노트 보이싱

* Irealb 나 Backing Track을 사용하여 연습한다.

네 번째 방법	
오른손	스케일
왼손	워킹베이스/ 랙타임 주법으로 연주

다섯 번째 방법	
오른손	즉흥연주 1) 코드 톤(1, 3, 5, 7, 9 아르페지오) 2) 스케일간의 자연스러운 연결 3) 리듬의 바리에이션 　　어프로치 노트를 사용한 원래 멜로디의 변화
왼손	1) 근음 2) 워킹베이스 3) 랙타임

WEEK 17

그 밖에 재즈에서 쓰는 스케일들

재즈에서 가장 많이 쓰이는 스케일들을 알아보고
모조리 외운다.

펜타토닉 Pentatonic

이미 우리는 메이저 스케일, 세 가지의 마이너 스케일, 각 12 key의 7가지 모드, 블루스 스케일을 외웠지만 재즈에서는 이 밖에도 많은 스케일들을 즉흥연주의 재료로 사용하고 있어. 맞아 사실 끝이 없어. 그리고 여기서는 이 스케일을 써야한다, 여기서는 이 코드를 써야한다. 이런 답은 없어. 정답은 니가 만들어 나가는 거야. 그게 음악이고 예술이라는 장르가 주는 함정이야.

암튼 뭐 이것들을 잘 헤쳐 나가기 위해서 우리는 음악을 엄청 듣고 다양함과 새로움에 귀를 기울여야 하고 24시간 그 생각만 해야 뭔가 새로운 멋진 음악이 나와. 근데 사실은 꼭 안 그래도 돼. 여태까지 우리가 배운 것만으로도 충분히 음악을 즐길 수 있어. 하지만 너희들이 만약 계속 음악을 한다면 이것들이 시시해질 때가 있고 자신의 음악에 넣을 새로운 사운드나 좀 더 다양한 재료를 원할 때가 분명히 와. 그럴 때 다음의 스케일들 즉 새로운 재료들을 쓰면 더 다양한 맛을 느낄 수 있겠지?

자 그럼 좀 더 비싼(?) 재료들을 알아보도록 하자.

펜타토닉은 5음계의 스케일이야.

우리나라의 궁상각치우처럼 나라마다 전통적으로 5음계의 스케일이 있어.

역시 펜타와 토닉의 합성어야. 'Penta'는 5라는 뜻이고 'Tonic'은 다이아토닉에서와 마찬가지로 으뜸음이라는 소리야.

① 메이저 펜타토닉

자 이렇게 생겼어.

메이저 스케일과 비교를 해보면 4음과 7음이 없어. 그렇지 반음 관계가 없는 거야. 따라서 재즈에서 즉흥연주를 연습할 때 많이 쓰는 스케일이야. 4음과 7음이 없어서 좀 더 자유로운 연주가 가능해져.

당연히 메이저 펜타토닉이니깐 메이저 코드에서 쓰이겠지?

② 마이너 펜타토닉

자 이번엔 마이너 펜타토닉에 대해 알아보자.

마이너 코드에서 쓰이는 거 다 눈치채고 있지?

구성음은 '1, ♭3, 4, 5, ♭7'이야.

블루스 스케일이랑 비슷하게 생겼지만 ♭5가 없어.

그리고 이 마이너 펜타토닉은 마이너 코드에서 아무 음이나 눌러도 안 틀리게 들려.

펜타토닉 스케일은 잘 쓰면 우리가 재즈나 팝에서 듣던 소리가 나고 못 쓰면 뽕필이나. 저대로 치면 너무 유치하지? 따라서 재즈 뮤지션들은 여러 키의 펜타토닉 스케일을 혼합해서 써. 코드의 유형별로 어떤 펜타토닉을 어떻게 섞어서 쓰는지 알려줄게.

메이저 펜타토닉

Major 7th Chord	C key : C Major 7th chord
1도 메이저 펜타토닉	C Major 펜타토닉
5도 메이저 펜타토닉	G Major 펜타토닉
6도 마이너 펜타토닉	A Minor 펜타토닉
3도 마이너 펜타토닉	E Minor 펜타토닉
2도 메이저 펜타토닉(리디안)	D Major 펜타토닉

마이너 펜타토닉

minor 7th chord	C key : C Minor 7th chord
1도 마이너 펜타토닉	C Minor 펜타토닉
5도 마이너 펜타토닉	G Minor 펜타토닉
♭3도 메이저 펜타토닉	E♭ Major 펜타토닉
4도 메이저 펜타토닉	F Major 펜타토닉
♭7도 메이저 펜타토닉	B♭ Major 펜타토닉

이렇게 key에서 다른 key의 펜타토닉 스케일만 써도 엄청 다양한 소리가 나올 수 있어. 그리고 이런 식으로 백가지의 경우의 수가 나오지. 정답은 없어. 부드럽고 편안한 솔로가 나올 수 있도록 연습하는 길밖에는 없어. 자 한번 쳐보도록 하자. 어색하다면 어울릴 때까지 쳐봐. 그냥 넘어가지 말고 뭔가 치다가 어색하거나 이상한 소리가 나오면 끝까지 물고 늘어져. 도대체 내가 치면 왜 이딴 소리가 나오는 걸까? 하고 끝없이 스스로 물어보란 말이다. 그게 너의 할 일이야.

메이저 펜타토닉 12 key

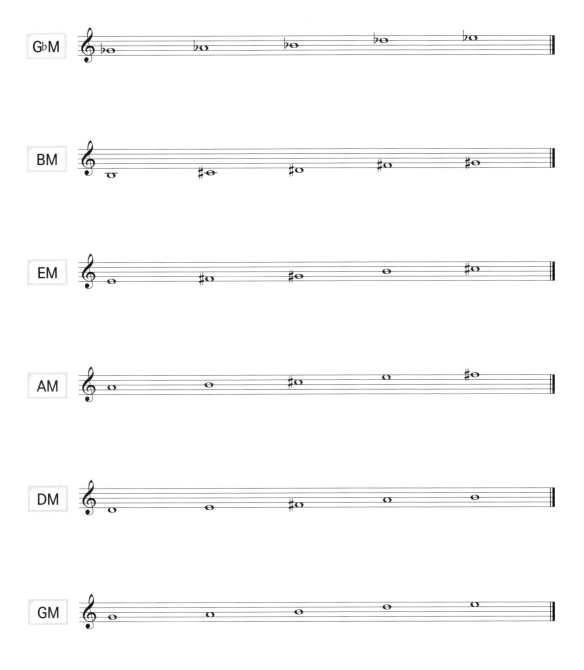

마이너 펜타토닉 12 key

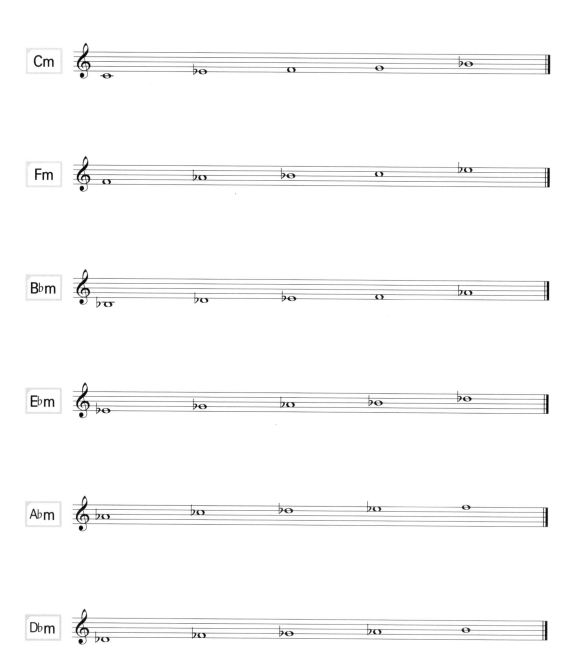

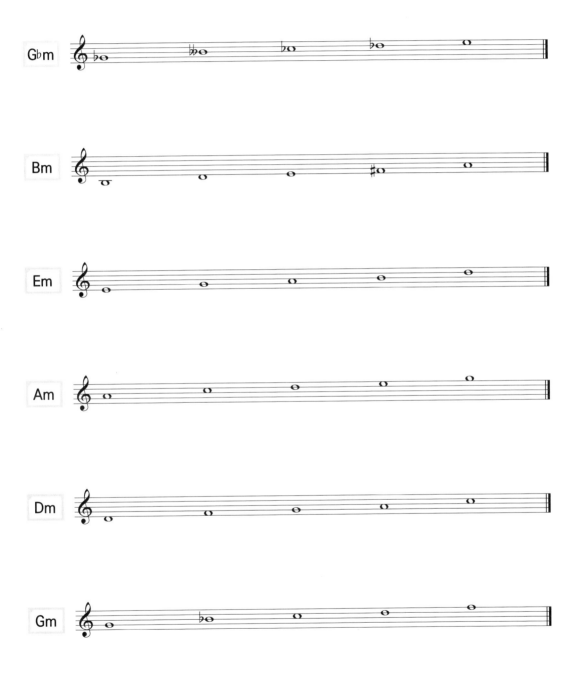

얼터드 스케일 Altered Scale

내가 좋아하는 스케일이야. 엄청 섹시한 텐션 덩어리들이지.

'Altered'라는 말은 '변형된'이라는 말이야. 뭐 이론상으로는 멜로딕 마이너의 7번째 모드이며 멜로딕 마이너의 음들로 화성을 쌓으니 ♭9, #9, ♭11, ♭13 같은 텐션들이 나왔다고 하는데, 이거 언제 계산해? 연주하고 있는데 무슨 컴퓨터도 아니고 멜로딕 마이너의 7번째 모드 이렇게 key별로 딱딱 나와? 절대 못 나와. 그럼 어떻게 해? 그래 그냥 외워. '슈퍼 로크리안Super Locrian' 아니면 '디미니쉬드 홀톤Diminished Whole- Tone'이라고도 불러. 근데 다 필요 없고 얘는 얼터드 스케일이야. 도미넌트 코드에서 쓰이지. 위에서 말한 것처럼 섹시한 텐션들이 많이 들어 있어.

구성음은 '1, ♭9, #9, 3, #11, ♭13, ♭7'이야.

처음 들으면 이게 뭐야? 이럴 수 있는데 얼터드 보이싱이나 얼터드 스케일의 소리를 들으면 우와 이거 뭐야 뭐야? 이럴 거야.

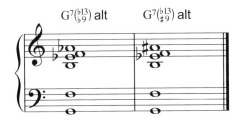

위의 악보를 한번 쳐봐 소리 죽이지? 얼터드 코드와 스케일은 도미넌트 코드에서 쓰이며 텐션 #9은 ♭9으로 가려는 성질이 있어. 하지만 항상은 아니야.

역시 A와 B, 두 개의 포지션이 있어.

〈 포지션 A 〉

〈 포지션 B 〉

얼터드 스케일 12 key

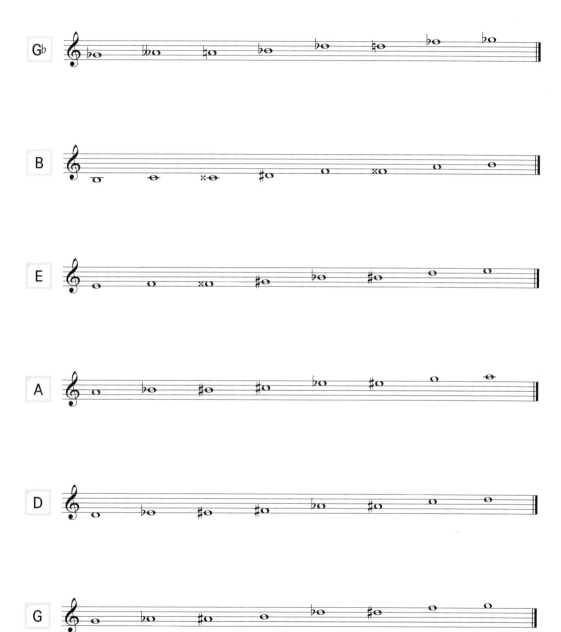

비밥 스케일 Bebop Scale

재즈의 사운드를 내고 싶어? 바로 이 스케일을 사용하면 우리가 듣던 재지한 사운드가 나와. 바로 비밥 스케일이라는 거야.

일단 이 재료를 외워보쟈. 찰리 파커 옴니 북을 쳐보면 비밥 스케일이 어떻게 쓰였나를 알 수 있어. 그런데 그전에 우리의 머릿속에 비밥 스케일의 사운드가 있어야 알아챌 것 아냐? 그래 일단 외우자. 주로 쓰이는 네 가지 코드에서 쓸 수 있도록 네 가지의 비밥 스케일이 있어.

1 메이저 코드에서 쓰는 비밥 스케일

구성음은 '1, 2, 3, 4, 5, #5, 6, 7, 8'이야.

악보로 볼까?

② 도미넌트 코드에서 쓰는 비밥 스케일

구성음은 '1, 2, 3, 4, 5, 6, ♭7, 7, 8'이야.

믹솔리디안에서 7음이 추가되었지? 주의할 것은 이 7음은 반드시 업 비트에 자리 잡아야 해. 그래야 자연스럽게 재지한 사운드를 만들 수 있어. 이건 직접 쳐보면 알아.

③ 마이너 코드에서 쓰는 비밥 스케일

구성음은 '1, 2, ♭3, 3, 4, 5, 6, ♭7, 8'이야.

이것도 마찬가지로 도리안에서 3음이 추가된 스케일이야. 이렇게 반음들이 나오면서 재지한 사운드를 낼 수 있어. 조금만 연구하면 곧바로 멜로디 라인이 좋아지는 것을 발견할 수 있을 거야.

④ 하프 디미니쉬드에서 쓰는 비밥 스케일

마지막으로 minor7$^{(b5)}$ 코드인 하프 디미니쉬드에서 쓰는 비밥 스케일을 배워볼까?

구성음은 '1, b2, b3, 4, b5, 5, #5, b7, 8'이야.

복잡해 보이지만 왼손으로 하프 디미니쉬드 코드를 치고 오른손으로 이 스케일을 쳐

봐. 어울릴 거야.

자 이제부터 자연스럽게 나올 때까지 한 key로 죽어라 외우고 그 사운드를 외우자.

메이저 비밥스케일 12 key

C

F

Bb

Eb

Ab

Db

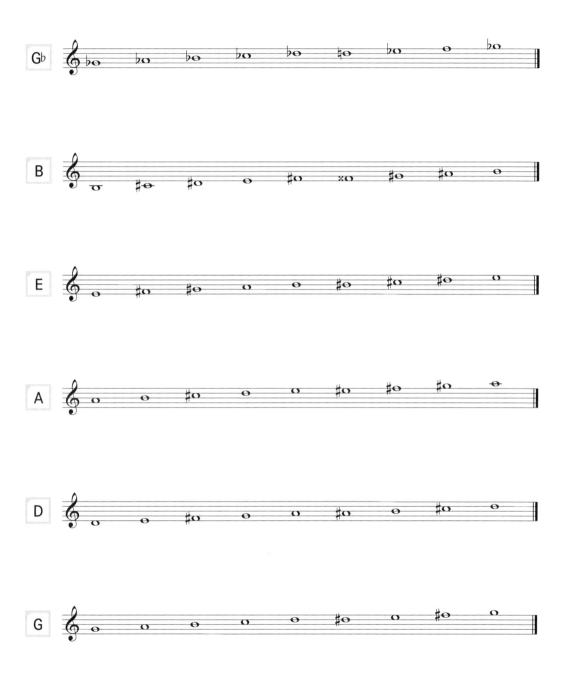

마이너 비밥스케일 12 key

C

F

B♭

E♭

A♭

D♭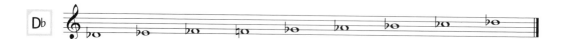

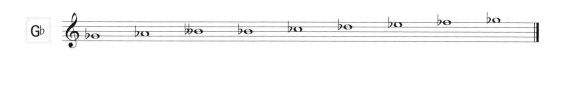

도미넌트 비밥스케일 12 key

C

F

Bb

Eb

Ab

Db

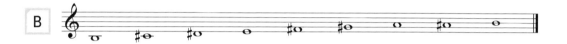

하프 디미니쉬드 비밥스케일 12 key

C

F

Bb

Eb

Ab

Db

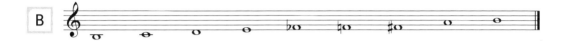

디미니쉬드 스케일 Diminished Scale

자 디미니쉬드 코드에서 쓸 수 있는 스케일을 외워보도록 하자.

뭐 이쯤 되면 뭐 이해하려고 하지 말고 그냥 외워.

외워두면 꼭 쓸 일이 있어. 외워두면 그 소리가 음악에서 들려.

구성음은 '1, 2, ♭3, 4, ♭5, ♭6, 6, 7, 8'음이야.

홀톤 스케일 Whole-tone Scale

6개의 음으로 이루어진 스케일이야. 온음으로만 이루어졌어.

역시 도미넌트 코드에서 쓰는 스케일이야.

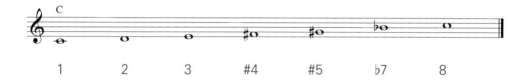

구성음은 '1, 2, 3, #4, #5, ♭7, 8'이야. 이것도 일단 그냥 외우자. 혹시 알아?

음악을 들었는데 앗 이거 혹시 홀톤 스케일이야? 이런 액션을 취할 날이 올지.

오길 바라.

홀톤 스케일 12key

C

F

Bb

Eb

Ab

Db

WEEK 18

양손 컴핑

보컬이나 다른 악기가 멜로디나 솔로를 할 때
피아노로 치는 양손으로 치는 컴핑을
기계처럼 외운다.

미니 보이싱 Mini Voicing

재즈 앙상블에서 피아노를 칠 때 보컬이나 기타, 색소폰 등의 다른 악기가 멜로디
나 즉흥연주를 할 때 우리는 무엇을 쳐야 할까? 그렇지 반주를 쳐야 하지.
그런데 여태까지 우리가 배운 보이싱은 오른손이나 왼손으로 치는 거쟈나?
자 지금부터 배울 보이싱은 양손으로 루트를 치지 않고 치는 보이싱이야. 재즈에
서는 필수라고 보면 돼. 또한, 솔로 피아노를 칠 때도 루트를 한번 쳐주고 멜로디가
쉴 때 이런 보이싱 한번 쫘악 쳐주면 그냥 FAT한 소리가 나와. 오른손은 텐션음을
누르고 왼손으로는 가이드 톤을 눌러. 빌 에반스 선생님께서 많이 쓰던 보이싱이
야. 역시 포지션 두 개가 존재하니깐 12 key로 다 외우자.

〈 미니 보이싱 〉

	Position A			Position B		
	IIm7	V7	IM7	IIm7	V7	IM7
오른손	5 9	9 ♭13	5 9	9 5	♭13 ♭9	5 9
왼손	7 3	3 7	7 3	3 7	7 3	3 7

미니 보이싱 12 key

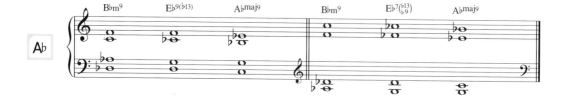

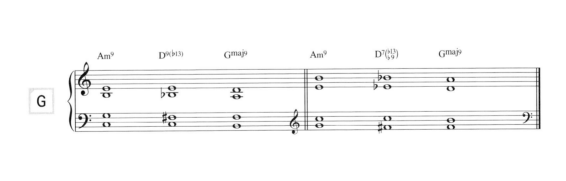

5노트 보이싱 5 Note Voicing

미니 보이싱보다 음 1개가 더 늘어난 보이싱이야. 조금 더 풍성하게 들리겠지?
개념은 미니 보이싱과 똑같아. 한 음이 늘어나면서 추가되는 풍성함을 느껴 보도록
하자. 왼손만 치면 그냥 3노트 컴핑 보이싱이 돼.

〈 5 노트 보이싱 〉

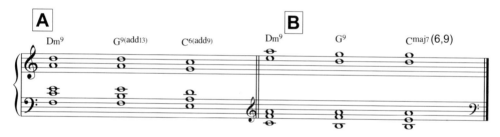

	Position A			Position B		
	IIm7	V7	IM7	IIm7	V7	IM7
오른손	1 5	5 9	1 5	5 9	1 5	5 9
왼손	9 7 3	13 3 7	9 6 3	5 3 7	9 7 3	6 3 7

5노트 보이싱 12 key

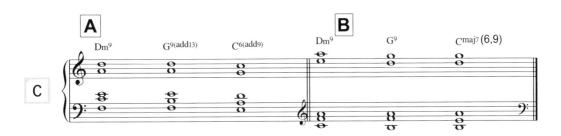

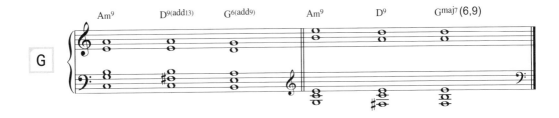

마이너 보이싱 Minor Voicing

자 우리가 여태까지 배웠던 보이싱들은 메이저 보이싱들이야. 그런데 사실 마이너 key의 보이싱도 있단다. 곡의 중간에 마이너 key가 잠깐씩 등장하는 곡들도 있고 또 어떤 곡은 마이너로 시작하는 곡들도 있어.

마이너 key의 2-5-1이 메이저 key의 2-5-1과 다른 점은 2가 ♭5, 5가 #9 or ♭9, 1이 마이너라는 점이야. 뭐 별거 없지?
그래 별거 없어. 그냥 우린 소리의 차이를 느끼고 개처럼 외우는 거야.

〈 마이너 보이싱 〉

Position A			Position B		
IIm7	V7	IM7	IIm7	V7	IM7
7	♭13	9	11	#9	5
♭5	3	6	1	7	3
1	7	3	♭5	3	6

마이너 보이싱 12 key

책을 마치며

애들아. 다 외웠니?
수고했어.

우리는 여태까지 재즈피아노를 치기 위한 재료들을 다 준비했어.
제대로 외워 왔다면 화성을 위해 삼화음 세븐스 코드의 자리바꿈, 가이드 톤, 4노트 보이싱, 미니 보이싱, 5노트 보이싱, 마이너 투 파이브 원 등 양손 컴핑 보이싱까지 외웠고 선율을 위해 기본이 되는 메이저 스케일부터, 마이너 스케일, 7개의 모드, 메이저, 마이너 펜타토닉 스케일, 비밥 스케일, 얼터드 스케일, 디미니쉬드 스케일, 홀톤 스케일까지 아무 생각 없이 아무 템포에서 12 key로 나와야 해.
자 이제부터 시작이야. 우리가 여태껏 외운 이것들은 즉흥연주를 잘 하기 위한 재료들이야.

사실 당연히 즉흥연주 하는 법이 궁금한 고구미들도 있을 거야.
그런데

1. 이것들을 다 외우고 나서부터 하는 것이 즉흥연주야.
2. 즉흥연주에는 정답이 없어. 따라서 '어떻게 배워야 하는가'도 없어.

즉흥연주에 접근하는 관점은 다 다르거든.
따라서 과학이나 수학처럼 정답이 정해져 있지 않아. 따라서 이제부터 즉흥연주를 위한 여행을 떠나면 돼. 일단 이렇게 기본기가 다져졌다면 이제부터 대가들의 연주를 듣고 흉내 내는 것이 그다음 단계라고 나는 생각한단다. 창조는 모방의 어머니라고 했지? 처음부터 잘하는 사람이 어디 있겠니? 다 하다가 보니깐 잘 하는 거지.

너희들이 제일 싫어하는 '카피'가 바로 정답에 가장 가깝다고 볼 수 있어. 그리고 실제로 지난 100년의 재즈 역사 동안 수많은 대가들이 그렇게 듣고 치고 노력하고 를 반복해왔어. 그렇게 대가들의 연주를 흉내 내면서 여태까지 우리가 외웠던 재 료들과 합쳐 재즈답게 들리게 하는 법을 배우고 더 나아가 그것들이 지겨워졌을 때 넌 응용이라는 걸 하게 될 거야. 처음부터 카피하기가 너무 버겁다면 전에도 말 했듯이 솔로를 채보해 놓은 악보들은 많아. (물론 첨엔 느려도 참고 귀로 음을 카 피하는 것이 최고야) 그 솔로들로부터 리듬과 어떤 코드에서 어떤 음을 썼는지를 배워야 해. 맞아. 정말 피곤하고 짜증 나고 괴로운 일이야. 하지만 그런 과정을 통 해 너라는 뮤지션이 성장하고 발전하고 탄생한다는 걸 잊지 마. 고생했고 책 아직 안 끝났어…. 문제 풀고 덮어라. 힘내~

2020년 3월,
대한민국 대표 피아노 선생님 '얘들아 안녕 태경이 삼촌이야' 삼촌이자! 특별히 너희들을 위해 여태까지 배운 것들을 복습할 수 있는 빈칸을 준비했어. 한 번 직접 그려보면서 채워 넣어볼까? 직접 그려보는 것도 정말 정말 중요하다고 생각해. 레슨 시간엔 다 알겠어요. 이해했어요. 하던 애들이 그려 오라고 숙제를 내주면 다 틀리게 그려서 와…. 너도 한 번 해봐. 이거 생각보다 어려울 수도 있어.

지금부터 지옥의 시간 다시 시작한다!!

— 부록

3화음 코드 12 key

7th 코드 12 key

C Diatonic Scale

F Diatonic Scale

B♭ Diatonic Scale

E♭ Diatonic Scale

A♭ Diatonic Scale

D♭ Diatonic Scale

G♭ Diatonic Scale

B Diatonic Scale

E Diatonic Scale

A Diatonic Scale

D Diatonic Scale

G Diatonic Scale

도리안 12 key

믹솔리디안 12 key

C Mixolydian Scale

F Mixolydian Scale

B♭ Mixolydian Scale

E♭ Mixolydian Scale

A♭ Mixolydian Scale

D♭ Mixolydian Scale

G♭ Mixolydian Scale

B Mixolydian Scale

E Mixolydian Scale

A Mixolydian Scale

D Mixolydian Scale

G Mixolydian Scale

가이드톤 포지션 A, B 12 key

4노트 보이싱 12 key

재즈피아노의 정석 - 피아노 레벨(기본편)

발행일　초판　1쇄 발행 2020년 3월 20일
　　　　신정가　1쇄 발행 2025년 3월 14일

지은이　양태경
디자인　임유진
사　보　홍진희
교　정　핑크클라우드

펴낸곳　태즈피아노스테이션
주　소　서울시 영등포구 문래동 4가 8-1 신새별약국 3층
메　일　kooltaez@naver.com
문　의　02-487-2041

ISBN　979-11-957941-9-5 (13670)

이 도서의 국립중앙도서관 출판예정도서목록(CIP)은 서지정보유통지원시스템 홈페이지(http://seoji.nl.go.kr)와
국가자료종합목록 구축시스템(http://kolis-net.nl.go.kr)에서 이용하실 수 있습니다. (CIP제어번호 : CIP2020046010)